Die Bondgenote
van die
Mensdom

◆

BOEK EEN

Die Bondgenote van die Mensdom

◆

BOEK EEN

◆

'N DRINGENDE BOODSKAP
Oor die Buiteaardse
Teenwoordigheid
in die Wêreld Vandag

Marshall Vian Summers

SKRYWER VAN
STAPPE NA KENNIS: *Die Boek van Innerlike Wete*

DIE BONDGENOTE VAN DIE MENSDOM BOEK EEN: 'n Dringende Boodskap Oor Die Buiteaardse Teenwoordigheid In Die Wêreld Vandag

Eiendomsreg © 2001, 2008 deur Die Genootskap vir Die Groter Gemeenskap Weg van Kennis (The Society for The Greater Community Way of Knowledge).
Alle regte voorbehou.

Redigeer deur Darlene Mitchell

Boekontwerp deur Argent Associates, Boulder, CO
Dekking kuns deur Reed Novar Summers "Vir my, die dekkings beeld verteenwoordig ons op Aarde met die swart bol simboliserend die alien teenwoordigheid in die wêreld vandag en die lig agter dit openbarend hierdie ongesiende teenwoordigheid vir wat andersins onbekwaam sou wees om te sien. Die ster illuminerend die Aard verteenwoordig die Bondgenote van die Mensdom as hulle gee vir ons 'n nuwe boodskap en 'n nuwer perspektief op Aard se verhouding met die Groter Gemeenskap."

ISBN: 978-1-884238-45-1 *DIE BONDGENOTE VAN DIE MENSDOM BOEK EEN: 'n Dringende Boodskap Oor Die Buiteaardse Teenwoordigheid In Die Wereld Vandag*

NKL POD Version 4.5

Biblioteek van Kongres Beheersings Nommer: 2001 130786

Hierdie is die tweede uitgawe van *The Allies of Humanity Book One.*

TITEL OORSPRONKLIK IN ENGELS GEPUBLISEER

PUBLISHER'S CATALOGING-IN-PUBLICATION

Summers, Marshall.
        The allies of humanity book one: an urgent message about the extraterrestrial presence in the world today / M.V. Summers
                p. cm.
                978-1-884238-45-1 (English print)   001.942
                978-1-942293-61-3 (Afrikaans print)
                978-1-884238-46-8 (English ebook)
                978-1-942293-62-0 (Afrikaans ebook)

                                QB101-700606

Die boeke van New Knowledge Library is deur Die Genootskap vir Die Groter Gemeenskap Weg van Kennis gepubliseer. Die Genootskap is 'n organisasie sonder winsoogmerk toegewy om Die Groter Gemeenskap Weg van Kennis op te lewer.

Om inligting te ontvang oor Die Genootskap se audio opname, onderwysings programme en dienste, asseblief kuier by Die Genootskap op die wêreldwye web of skryf na:

THE SOCIETY FOR THE GREATER COMMUNITY WAY OF KNOWLEDGE
P.O. Box 1724 • Boulder, CO 80306-1724 • (303) 938-8401
society@newmessage.org
www.alliesofhumanity.org   www.newmessage.org
www.alliesofhumanity.org/af   www.newmessage.org/af

Toegewy aan die groot vryheidsbewegings

In die geskiedenis van ons wêreld —

Albei bekend en onbekend.

INHOUD

Die Vier Fondamentele Vrae ix

Voorwoord xi

Nota vir Lesers xvii

Wie is Die Bondgenote van die Mensdom? xxv

Die Eerste Briefing: Die Buiteaardse Teenwoordigheid in
die Wêreld Vandag 1

Die Tweede Briefing: Die Uitdaging aan Menslike
Vryheid 23

Die Derde Briefing: 'n Groot Waarskuwing 37

Die Vierde Briefing: Manipulasie van Godsdienstige
Tradisies en Oortuigings 51

Die Vyfde Briefing: Draaipunt: 'n Nuwe Belofte vir die
Mensdom 69

Die Seste Briefing: Vrae en Antwoorde 83

Finale Woorde 115

Die Oplossing 117

Daar Is 'n Nuwe Hoop in die Wêreld 119

Weerstand En Bemagtiging: Die Etiek Van Kontak 123

Aksie Neem – Wat jy kan doen 127

Boodskap van Marshall Vian Summers 135

Aanhangsel: *Definisie van Terme*.......................... 141

Kommentare op die Bondgenote van die Mensdom 145

Verder Studie............................... 149

Addisionele Hulpmiddels..................... 151

Uittreksels van die Boeke van die Nuwe Boodskap van God 153

Oor die Skrywer 161

Oor die Genootskap.......................... 163

Oor die Proses van Vertaling 167

Boeke van die Nuwe Boodskap van God 169

Die vier fondamentele vrae oor die

buiteaardse teenwoordigheid in die wêreld vandag:

Wat gebeur?

Waarom gebeur dit?

Wat beteken dit?

Hoe kan ons voorberei?

Dit is ongewoon genoeg om 'n boek te vind wat 'n mens se lewe verander, maar ver meer buitengewoon om 'n werk te ontmoet wat die potensiaal hê om die mensegeskiedenis te impak.

Amper viertig jaar gelede, voordat daar 'n omgewings beweging was, 'n dapper vrou het 'n baie provokatiewe en twissieke boek geskryf wat die koers van die geskiedenis verander het. Rachel Carson se Silent Spring het 'n wêreldwye bewustheid gebroei van die gevare van omgewings besoedeling en 'n aktivis-reagering aan die brand gesteek wat tot hierdie dag voortduur. Onder die eerste om publiek te verkondig dat die gebruik van pesticides en chemiese gifstowwe 'n bedreiging na alle lewe was, Carson was uitgelag en veronedel in die begin, selfs deur baie van haar eweknieë, maar word uiteindelik as een van die belangrikste stemme van die 20ste eeu beskou. Silent Spring word nog in die algemeen as die hoeksteen van environmentalisme beskou.

Vandag, voordat daar algemene publieke bewustheid is van 'n voortgaande buiteaardse indringing te midde van ons, 'n gelyke dapper man — 'n voorheen verborge geestelike onderwyser — kom voort draend 'n buitengewone en verontrustende communiqué van buite ons planetere sfeer. Met *Die Bondegenote van die Mensdom*, is Marshall Vian Summers die eerste geestelike leier van ons tyd om ondubbelsinnig te verkondig dat die ongevrae teenwoordigheid en heimlike aksies van ons buiteaardse "besoekers" uitmaak 'n diepgaande bedreiging aan menslike vryheid.

Terwyl in die begin, soos Carson, Summers sal seker bespotting en minagting vind, hy mag uiteindelik as een van die wêreld se belangrikste stemme in die velde van buiteaardse intelligensie, menslike geestelikheid, en evolusie van bewussyn, erkend wees. Eweneens, *Die Bondgenote van die Mensdom* mag as sleutel bewys om selfs die toekoms van ons spesies te verseker — nie met om ons wakker te maak aan die diepgaande uitdagings van 'n geruislose buiteaardse invalling nie, maar ook om 'n oonvoorafgaande beweging van weerstand en bemagtiging aan die brand te steek.

Hoewel die omstandighede van die herkoms van hierdie ontplofbaar twissieke materiaal mag problematies wees vir sommige mense, die perspektief wat dit verteenwoordig en die dringende dit oordra vereis ons diepste oorweging en vasberade antwoord. Hier word ons al te plousibel gekonfronteer met die bewering dat die vergrotende verskyning van UFOs en ander verwante verskynsels is simptomaties van niks minder as 'n subtiele en voorheen onteengestaande ingryping deur buiteaardse kragte wat soek om die Aard se hulpbronne heeltemal vir hulle eie voordeel te gebruik.

Hoe antwoord ons vanpas aan so 'n verontrustende en skandelike bewering? Sal ons dit ignoreer of dit afwys uit die hand, soos baie van Carson se lasteraars gedoen het? Of sal ons navors en probeer om te verstaan presies wat aanbied word hier?

As ons kies om te navors en verstaan, hier is wat hulle sal vind: 'n deuglike hersiening van onlangse dekades van wêreldwye navorsing in UFO bedrywigheid en ander oëskynlik buiteaardse verskynsels (b.v., uitheemse ontvoering en implante, dier mutilasie, en selfs psigologiese "besetenheid") oplewer oorgenoeg bewys vir die Bondgenote se perspektief; inderdaad, die inligting wat in die Bondgenote se diskoerse bevat is verbluffend verhelder probleme wat navorsers vir jare verwar het, wat reken vir baie geheimenisvolle maar voortdurende bewys.

Nadat ons hierdie sake genavors het en onsself gerusstel het dat die Bondgenote se boodskap nie slegs plousibel maar dwingend is, wat dan? Ons oorwegings sal ontontkombaar lei tot die ontontsnapbare gevolgtrekking dat ons predikament vandag het diepgaande parallels met die indringing van Europese "beskawing" in die Amerikas beginnend in die 15ste eeu, toe inheemse volke onbekwaam was om te begryp en genoegsaam te antwoord aan die ingewikkeldheid en gevaar van die kragte wat hulle kuste besoek. Die "besoekers" het in die naam van God gekom, wysend indrukwekkende tegnologie en bewerend om 'n meer bevorderd en meer beskawe weg van lewe aan te bied. (Dit is belangrik om op te merk dat die Europese invallers nie "boos beliggaam" was nie maar net opportunisties, en het in hul sog 'n erfenis van onbedoelde vernietiging verlaat.")

Hier is die punt: Die radikale en wyd-skaal oortreding van fondamentele vryhede wat Inheemse Amerikaners daarna deurgeleef het — insluitend die vinnige verlaging van hulle bevolking — is nie slegs 'n monumentale menslike tragedie nie, maar ook 'n magtige objek les vir ons huidige situasie. Hierdie keer, is ons almal die inheemse volk van hierdie een wêreld, en tensy ons gesamentlik 'n meer kreatief en verenigde antwoord kan oplewer, ons mag 'n gelyke noodlot ly. Hierdie is presies die beseffing wat Die Bondgenote van die Mensdom bespoedig.

Tog is hierdie 'n boek wat lewens kan verander, want dit aanskakel 'n diep innerlike roeping wat herinner ons van ons doel in om lewend te wees op hierdie oomblik in die mensegeskiedenis is bring ons van aangesig tot aangesig met niks minder as ons bestemming. Hier word ons gekonfronteer deur die ongemaklikste beseffing van alles: Selfs die toekoms van die mensdom mag wel staatmaak op hoe ons vir hierdie boodskap antwoord.

Terwyl *Die Bondgenote van die Mensdom* diep waarskuwend is, daar is geen uitlokking van vrees of verdoemenis en swaarmoedigheid hier nie. Pleks daarvan, die boodskap bied aan buitengewone hoop in wat is nou 'n baie gevaarlike en moeilike situasie. Die klaarblyklike voorneme is om menslike vryheid te bewaar en bemagtig, en om persoonlike en gesamentlike antwoord vir hierdie buiteaardse ingryping te kataliseer.

Paslik, het Rachel Carson haarself eenmaal dieselfde probleem wat ons vermoë om aan hierdie huidige krisis te antwoord verhoed, profeties identifiseer: "Ons het nog nie ryp genoeg geword", het sy gesê, "om van onsself as net 'n baie klein deel van 'n uitgestrekte en ongeloofbare heelal te dink." Duidelik, het ons lank al 'n nuwe begrip van onsself, van ons plek in die kosmos, en van lewe in die Groter Gemeenskap (die

groter fisieke en geestelike heelal waarin ons nou opkomend is)
genodig. Gelukkig, *Die Bondgenote van die Mensdom* dien as 'n
ingang in 'n verassend substansiale liggaam van geestelike lerings
en oefeninge wat belowe om die noodsaaklike spesies rypheid te
indril met 'n perspektief wat ewemin aardevas of antroposentries
is nie, maar pleks daarvan in ouder, dieper en meer universele
tradisies vasgewortel is.

Uiteindelik, die boodskap van *Die Bondgenote van die
Mensdom* daag uit amper almal van ons fondamentele opvattings
van die werklikheid, gelyktydig gewend vir ons ons grootste
geleentheid vir bevordering en ons grootste uitdaging vir
oorlewing. Terwyl die huidige krisis bedreig ons self-bepaling
as 'n spesies, dit mag ook 'n baie-benodige fondasie voorsien
waarop eenheid aan die menseras gebring kan word — 'n
amper-ontmoontlikheid sonder hierdie groter konteks. Met die
perspektief wat in *Die Bondgenote van die Mensdom* oplewer word
en die groter liggaam van lerings verteenwoordig deur Summers,
ons word beide die imperatief en die inspirering gegee om saam te
voeg in 'n dieper begrip om die verder evolusie van die mensdom
te dien.

◆

In sy berig vir Time Magazine se resensie van die 100 invloedrykste stemme van die 20ste eeu, het Peter Matthiesse oor Rachel Carson geskryf, "Voordat daar 'n omgewings beweging was, was daar een dapper vrou en haar baie dapper boek". Sommige jare van nou af, ons mag in staat wees om gelyk te sê oor Marshall Vian Summers: Voordat daar 'n menslike vryheid beweging was om die buiteaardse Ingryping te weerstaan, was daar een dappe man en sy baie dapper boodskap, Die Bondgenote van die Mensdom. Hierdie tyd, mag ons antwoord meer vinnig, meer besluitend, en meer verenig wees.

— Michael Brownlee
Joernalis

*D*ie *Bondgenote van die Mensdom* woord voorgestel om mense voor te berei vir 'n hele nuwe werklikheid wat grotendeels verborg en onerkend in die wêreld vandag is. Dit voorsein 'n nuwe perspektief wat mense bemagtig om die grootste uitdaging en geleentheid wat ons, as 'n ras, ooit ontmoet het. Die Bondgenote Briefings bevat 'n nommer kritiese as nie alarmwekkende verklarings oor die groeiende buiteaardse ingryping en integrasie in die menseras en oor die buiteaardse bedrywighede en verborge agenda. Die doel van die Bondgenote Briefings is nie om harde bewys van die ET visitation na ons wêreld te voorsien nie, wat alreeds wel gedokumenteer is in baie ander goeie boeke en navorsings joernale op die vak. Die doel van die Bondgenote van die Mensdom Briefings is om die dramatiese en verreikende implikasies van hierdie verskynsel te bespreek, wat daag uit ons menslike tendense en aannames betreffend dit en om die mensefamilie te maak aan die groot draaipunt wat ons nou voorlê. Die Briefings voorsien 'n vlugtige blik in die werklikheid van intelligente lewe in die heelal en wat Kontak werklik sal beteken. Vir baie lesers, dit wat in *Die Bondgenote van die Mensdom* is sal heeltemal nuut wees.

Vir andere, dit sal 'n bevestiging wees van dinge wat hulle lank al gevoel en geweet het.

Hoewel hierdie boek 'n dringende boodskap voorsien, dit is ook oor om na 'n hoër bewustheid wat "Kennis" genoem word te beweeg, wat insluit en 'n groter telepatiese vermoë tussen mense en tussen rasse. In lig van hierdie, was die Bondgenote Briefings na die skrywer gestuur van 'n multi-ras, buiteaardse groep indiwiduele wat hulleself as die "Bondgenote van die Mensdom" noem. Hulle beskryf hulleself as fisiese wesens van ander wêrelde wat in ons sonnestelsel naby die Aarde vergader het vir die doelwit van die kommunikasies en bedrywighede van daardie buiteaardse rasse wat hier in ons wêreld om in menslike sake in te meng, te waarneem. Hulle beklemtoon dat hulle self nie fisies teenwoordig in ons wêreld is nie en dat hulle voorsien benodige wysheid, nie tegnologie of inmenging nie.

Die Bondgenote Briefings was oor 'n een-jaar period vir die skrywer opgelewer. Hulle bied aan perspekftief en visie in 'n ingewikkelde vak wat, in weerwil van dekades van groeiende bewys, aanhou om navorsers te verwar. Tog is hierdie perspektief nie romanties, spekulatief of idealisties in sy benaderingswyse aan hierdie vak nie. Daarenteen, is dit reguit realisties en onkompromisties tot die punt waar dit mag baie uitdagend wees, selfs vir 'n leser wat wel geleerd is hierdie vak is.

Daarom, om te ontvang wat hierdie boek het om aan te bied verg dat jy opskort, vir ten minste 'n oomblik, baie van die oortuigings, aannames en vrae wat jy mag hê oor buiteaardse Kontak en selfs oor hoe hierdie boek ontvang was. Die inhoud van hierdie boek is soos 'n boodskap in 'n bottel van buite die wêreld hierheen gestuur. Dus, behoort ons nie so besorg oor die bottel te wees nie maar oor die boodskap sigself.

Om hierdie uitdagende boodskap wragtig te verstaan, moet ons baie van die oorheersende aannames en tendense betreffend die moontlik en die werklikheid van Kontak, konfronteer en bevraagteken. Hierdie insluit:

- ontkenning;
- hopevolle verwagting;
- om die bewys verkeerd te vertolk om ons oortuigings te bevestig;
- om redding van die "besoekers" te soek en te verwag;
- om te glo dat ET tegnologie sal ons red;
- om hopeloos en toegewend te voel na wat ons aanneem 'n superieur krag is;
- om regerings onthulling te vereis maar nie ET onthulling nie;
- om menslike leiers en instellings te veroordeel en ongetwyfele aanvaarding van die "besoekers" te hou;
- om te aanneem dat omdat hulle nie ons aangetas of ingeval het nie, hulle moet hier vir ons voordeel wees;
- om te aanneem dat bevorderde tegnologie is gelyke is bevorderde etiek en geestelikheid;
- om te glo dat hierdie verskynsel 'n geheimenis is wanneer dit feitlik 'n begrypbare gebeurtenis is;
- om te glo dat ETs in sommige manier 'n aanspraak hê aan die mensdom en hierdie planeet;
- en om te glo dat die mensdom onaflosbaar is en kan nie op sy eie oorleef nie;

Die Bondgenote Briefings daag uit sulke aannames en neigings en ontplof baie van die mites ons huidig hê oor wie besoek ons en waarom hulle hier is.

Die Bondgenote van die Mensdom Briefings gee vir ons 'n groter perspektief en 'n dieper begrip van ons bestemming binne 'n groter panorama van intelligente lewe in die heelal. Ten einde om hierdie te bereik, die Bondgenote praat nie vir ons analitiese verstand nie maar vir Kennis, die dieper deel van ons wese waar die waarheid, hoe bewolk ook al, direk onderskei en deurgeleef kan wees.

Die Bondgenote van die Mensdom Boek Een sal baie vrae bring, wat verder ondersoek en oorpeinsing verg. Sy fokus is nie om name, datums en plekke te voorsien nie maar om 'n perspektief op die ET teenwoordigheid in die wêreld en op lewe in die heelal te voorsien wat ons as mensewesens nie anders kon hê nie. Terwyl ons leef in isolasie op die oppervlak van ons eie wêreld nog, ons kan nog nie sien en weet wat gebeur betreffend intelligente lewe buite ons grense nie. Vir hierdie nodig ons hulp, hulp van 'n baie buitengewone soort. In die begin ons mag nie sulke hulp herken of aanvaar nie. Tog is dit hier.

Die Bondgenote se verklaarde doel is om ons wakker te maak aan die risikos van in 'n Groter Gemeenskap van intelligente lewe op te kom en ons by te staan om suksesvol oor hierdie groot draaipunt te tree in so 'n manier dat menslike vryheid, soewereinteit en self-bepaling bewaar kan wees. Die Bondgenote is hier om ons te aanraai van die behoefte vir die mensdom om ons eie "Reëls van Inwikkeling" te stig gedurende hierdie onvoorafgaande tyd. Volgens die Bondgenote, as ons wys, bereid en verenig is, sal ons dan in staat wees om ons bestemde plek te neem as 'n ryp en vrye ras in die Groter Gemeenskap.

◆

Oor die koers van tyd dat hierdie reeks briefings gebeur het, het die Bondgenote sekere sleutel idees herhaal wat hulle het gevoel vitaal vir ons begrip was. Ons het hierdie herhalings in die boek gehou ten einde om die voorneme en integriteit van hulle kommunkasie te bewaar. Weens die dringende natuur van die Bondgenote se boodskap en weens die kragte in die wêreld wat hierdie boodskap sou teenstaan, daar is 'n wysheid en 'n noodsaaklikheid vir hierdie herhalings.

Ná die publikasie van *Die Bondgenote van die Mensdom Boek Een* in 2001, die Bondgenote het 'n tweede stel Briefings voorsien om hulle vitale boodskap vir die mensdom te voltooi. *Die Bondgenote van die Mensdom Boek Twee*, in 2005 gepubliseer, oplewer ontstellende nuwe inligting op die interaksies tussen rasse in ons lokale heelal en op die natuur, doel en mees voorborge bedrywighede van daardie rasse wat in menslike sake inmeng. Danksy daardie daardie lesers wat die dringendheid van die Bondgenote se boodskap gevoel het en die Briefings en in ander tale vertaal het, is daar 'n groeiende wêreldwye bewustheid van die werklikheid van die Ingryping.

Ons by New Knowledge Library beskou dat hierdie twee stel Briefings bevat wat mag wees een van die belangrikste boodskappe wat vandag in die wêreld gekommunikeer word. Die Bondgenote van die Mensdom is nie net nog 'n boek spekulerend oor die UFO/ET verskynsel nie. Dit is 'n onvervalsde transformerende boodskap gerig direk na die fondamentele doel van die buiteaardse Ingryping ten einde om die bewustheid te

kweek wat ons sal nodig om die uitdagings en geleenthede wat lê
voor, onder die oë te sien.

—NEW KNOWLEDGE
LIBRARY

Wie is
Die Bondgenote van die Mensdom?

Die Bondgenote dien die mensdom omdat hulle dien die terugeising en uitdrukking van Kennis orals in die Groter Gemeenskap. Hulle verteenwoordig die wys in baie wêrelde wat 'n groter doel in die lewe ondersteun. Saam deel hulle 'n groter Kennis en Wysheid wat oor uitgestrekte afstande van die ruimte en oor al die grense van ras, kultuur, gemoedsgesteldheid en omgewing oorgedra kan wees. Hulle wysheid is deurtrekkend. Hulle vaardigheid is groot. Hulle teenwoordigheid is verborg. Hulle herken julle omdat hulle besef dat julle 'n opkomende ras is, opkomend in 'n baie moeilike en mededingende omgewing in die Groter Gemeenskap.

◆

GROTER GEMEENSKAP GEESTELIKHEID
Hoofstuk 15: Wie Dien die Mensdom?

...Meer as twintig jaar gelede, 'n groep individue van verskeie verskillende wêrelde het by 'n diskrete lokasie in ons sonnestelsel vergader vir die doel van die buiteaardse Ingryping wat in ons wêreld gebeur te waarneem. Van hulle verborge uitsigspunt, hulle was in staat om die indentiteit, organisasie en voorneme van diegene wat ons wêreld besoek te bepaal en om die besoekers se bedrywighede te monitor.

Hierdie groep waarnemers noem hulleself die "Bondgenote van die Mensdom."

Hierdie is hulle rapport.

Die
Briefings

◆

Die Buiteaardse Teenwoordigheid in die Wêreld Vandag

Dit is 'n groot eer vir ons om in staat te wees om hierdie inligting aan te bied vir almal van julle wat gelukkig genoeg is om hierdie boodskap te hoor. Ons is die Bondgenote van die Mensdom. Hierdie versending word moontlik gemaak deur die teenwoordigheid van die Onsigbares, die geestelike raadgewers wat na die ontwikkeling van intelligente lewe omsien, beide in julle wêreld en dwarsdeur die Groter Gemeenskap van wêrelde.

Ons kommunikeer nie deur enige meganiese toestel nie, maar deur 'n geestelike kanaal wat vry van inmenging is. Hoewel ons in die fisieke leef, net soos julle, word ons die voorreg gegee om op hierdie manier te kommunikeer ten einde om die inligting af te lewer wat ons met julle moet deel.

Ons is deel van 'n klein groepie verteenwoordigers wat die gebeure in julle wêreld waarneem. Ons kom vanuit die Groter Gemeenskap. Ons meng nie in die mensdom se sake nie. Ons het geen vestiging hier nie. Ons is hiernatoe gestuur met 'n spesifieke doel – om te getuig van die gebeure in julle wêreld en, as ons die geleentheid het om dit te doen, met julle te kommunikeer oor wat ons sien en wat ons weet. Want julle woon op die oppervlak van julle wêreld en kan nie die gebeure wat dit omring sien nie. Ewemin kan julle nie duidelik die besoeke sien wat op hierdie tyd in julle wêreld gebeur nie, of wat dit vir julle toekoms voorspel nie.

Ons wil getuienis hiervan lewer. Ons doen dit op versoek van die Onsigbares, wat ons vir hierdie doel gestuur het. Die inligting wat ons aan julle gaan oordra mag lyk of dit baie uitdagend en baie skrikwekkend is. Dalk is dit onverwags vir baie wat hierdie boodskap sal hoor. Ons verstaan hierdie probleem, want ons het dit in ons eie kulture ondervind.

Wanneer julle die inligting hoor, kan dit aanvanklik moeilik wees om te aanvaar, maar dit is noodsaaklik vir almal wat 'n bydrae in die wêreld wil lewer.

Vir baie jare het ons die gebeure in julle wêreld waargeneem. Ons soek geen betrekkinge met die mensdom nie. Ons is nie hier op 'n diplomatiese sending nie. Ons is deur die Onsigbares gestuur om in die nabyheid van julle wêreld te leef ten einde die gebeure waar te neem wat ons gaan beskryf.

Ons name is nie belangrik nie. Dit sou betekenisloos vir julle wees. En vir ons eie veiligheid sal ons dit nie bekend maak nie, want ons moet verborg bly ten einde dat ons mag dien.

Om te begin, dit is noodsaaklik vir mense orals om te verstaan dat die mensdom opkomende is in 'n Groter Gemeenskap van intelligente lewe. Julle wêreld word "besoek" deur verskeie uitheemse rasse en deur verskeie verskillende organisasies van rasse. Dit is al geruime tyd aktief aan die gang. Daar was dwarsdeur die mensegeskiedenis besoeke, maar niks van hierdie omvang nie. Die aankoms van kernwapens en die vernietiging van julle natuurlike wêreld het hierdie kragte na julle oewers gebring.

Daar is baie mense in die wêreld vandag, verstaan ons, wat begin besef dat hierdie besig is om te gebeur. En ons verstaan ook dat daar baie vertolkings van hierdie besoeke is – wat dit kan beteken en wat dit kan aanbied. En baie van die mense wat bewus is hiervan, is baie hoopvol en verwag 'n groot voordeel vir die mensdom. Ons verstaan. Dit is natuurlik om hierdie te verwag. Dit is natuurlik om hoopvol te wees.

Die besoeking wat nou in julle wêreld gebeur is baie uitgebreid, soveel so dat mense in alle dele van die wêreld daarvan getuig en die effekte daarvan direk ervaar. Wat hierdie "besoekers" vanuit die Groter Gemeenskap hier gebring het, hierdie verskillende organisasies van wesens, is nie die bevordering van die mensdom of om die geestelike onderwys van die mensdom te bevorder nie. Wat hierdie kragte in sulke getalle met sulke vasberadenheid na julle oewers gebring het is die hulpbronne van julle wêreld.

Hierdie verstaan ons mag in die begin moeilik wees om te aanvaar omdat julle nog nie kan waardeer hoe pragtig julle wêreld is nie, hoeveel dit besit en wat 'n ongewone juweel dit in 'n Groter Gemeenskap van onvrugbare wêrelde en leë ruimte is nie. Wêrelde soos julle s'n is inderdaad ongewoon. Meeste plekke in die Groter Gemeenskap wat nou bewoon word is gekoloniseer, en tegnologie het dit moontlik gemaak. Maar wêrelde soos julle s'n waar lewe natuurlik ontwikkel het, sonder die hulp van tegnologie, is ver meer ongewoon as wat julle mag besef. Andere neem groot aandag hiervan, natuurlik, want die biologiese hulpbronne van julle wêreld word al vir duisende jare deur etlike rasse gebruik. Dit word vir sommige as 'n opberg plek beskou. En tog het die ontwikkeling van mensekultuur en gevaarlike wapens en die agteruitgang van hierdie hulpbronne die buiteaardse Ingryping veroorsaak.

Miskien wonder julle waarom diplomatieke pogings nie aangewend word om die leiers van die mensdom te kontak nie. Hierdie is redelik om te vra, maar die moeilikheid hier is dat daar niemand is om die mensdom te verteenwoordig nie, want die mensdom is verdeeld, en julle nasies staan mekaar teë. Dit word ook aangeneem deur hierdie besoekers waarvan ons praat dat julle oorlogsugtig en aggressief is, en dat julle skade en vyandelikheid aan die heelal om julle sal bring ten spyte van julle goeie eienskappe.

Daarom, in ons diskoers wil ons vir julle 'n idee gee van wat gebeur, wat dit vir die mensdom sal beteken en hoe dit verband hou met julle geestelike ontwikkeling, julle sosiale ontwikkeling en julle toekoms in die wêreld en in die Groter Gemeenskap van Wêrelde.

Mense is onbewus van die teenwoordigheid van buitenaardse kragte, onbewus van die teenwoordigheid van hulpbron ondersoekers, van diegene wat 'n bondgenootskap met die mensdom vir hul eie voordeel sou soek. Dalk behoort ons hier te begin deur julle 'n idee te gee van hoe die lewe lyk buite julle kuste, want julle het nog nie ver gereis nie en kan hierdie dinge nie vir julle self uitwerk nie.

Julle leef in 'n deel van die sterrestelsel wat baie bewoon is. Nie alle dele van die sterrestelsel is so bewoon nie. Daar is groot onverkende streke. Daar is baie verborge rasse. Koophandel tussen wêrelde word net in sekere gebiede uitvoer. Die omgewing waarin julle sal verskyn is 'n baie mededingende een. Die behoefte vir hulpbronne word orals deurgeleef, en baie tegnologiese samelewings het hulle wêreld se natuurlike hulpbronne opgebruik en moet handel, ruil en reis om wat hulle nodig het te kry. Dit is 'n baie ingewikkelde toestand. Baie bondgenootskappe word gevorm en konflik gebeur.

Dalk op hierdie punt is dit noodsaaklik om te besef dat die Groter Gemeenskap waarin julle verskyn 'n baie moeilike omgewing en 'n baie uitdagende een is, en tog bring dit groot geleentheid en groot moontlikhede vir die mensdom. Maar om hierdie moontlikhede en hierdie voordele werklik te maak, moet die mensdom voorberei en leer hoe lewe in die heelal is. En dit moet leer en verstaan wat geestelikheid beteken in 'n Groter Gemeenskap van intelligente lewe.

Ons verstaan van ons eie geskiedenis dat hierdie die grootste draaipunt is wat enige wêreld ooit onder die wêreldsal sien. Tog is dit nie iets wat julle vir julle self kan beplan nie. Dit is nie iets wat julle vir julle eie toekoms kan uitwerk nie. Want dieselfde kragte wat die Groter Gemeenskap werklikheid hier sal bring bestaan alreeds in julle wêreld. Omstandighede het hulle hiernatoe gebring. Hulle is hier.

Dalk gee hierdie vir julle 'n idee van hoe die lewe is buite julle grense. Ons wil nie 'n idee skep wat angs bring nie, maar dit is noodsaaklik vir julle eie welstand en vir julle toekoms dat julle 'n eerlike skatting het en kan kom om hierdie dinge helder te sien.

Die behoefte om voor te berei vir lewe in die Groter Gemeenskap, voel ons, is die grootste behoefte wat vandag in julle wêreld bestaan. En tog, van ons waarneming, is mense met hul eie sake en hul eie probleme in hulle daaglikse lewens voorbeset, onbewus van die groter kragte wat hulle bestemming sal verander en hulle toekoms raak.

Die kragte en die groepe wat vandag hier is verteenwoordig etlike verskillende bondgenootskappe. Hierdie verskillende bondgenootskappe is nie met mekaar verenig in hulle inspannings nie. Elke bondgenootskap verteenwoordig etlike verskillende rassegroepe wat meewerk vir die doel om toegang te kry aan julle wêreld se hulpbronne en hierdie toegang te volhou. Hierdie verskillende bondgenootskappe, wesenlik, ding mee met mekaar hoewel hulle nie oorlog voer met mekaar nie. Hulle sien julle wêreld as 'n groot prys, iets wat hulle vir hulle self wil hê.

Hierdie skep 'n baie groot uitdaging vir die mensdom, want die kragte wat julle besoek het nie net gevorderde tegnologie nie, maar ook sterk sosiale samehang en is in staat om gedagtes in die Verstandelike Omgewing te beïnvloed. Julle sien, in die Groter Gemeenskap, word tegnologie maklik bekom, en so die groot voordeel tussen mededingende samelewings is die vermoë om gedagte te beïnvloed. Hierdie verteenwoordig 'n stel vaardighede wat die mensdom slegs begin om te ontdek.

As 'n gevolg, kom julle besoekers nie gewapen met groot wapens nie, of met krygsmagte of met armadas van skepe nie. Hulle kom in relatief klein groepe, maar hulle besit merkwaardige vaardigheid om mense te beïnvloed. Hierdie verteenwoordig 'n meer gesofistikeerde en rype gebruik van mag in die Groter Gemeenskap. Dit is hierdie vermoë wat die mensdom in die toekoms sal moet ontwikkel om suksesvol met ander ander rasse mee te ding.

Die besoekers is hier om die mensdom se vertroue te wen. Hulle wil nie menslike stigtings of die menslike teenwoordigheid vernietig nie. In plaas daarvan, wens hulle om hierdie vir hul eie voordeel te gebruik. Hulle voorneme is gebruik, nie vernieling nie. Hulle voel dat hulle in die reg is omdat hulle glo dat hulle die wêreld red. Sommige van hulle glo eens dat hulle die mensdom vanself red. Maar hierdie perspektief dien nie julle groter belange nie, en dit bevorder ook nie wysheid of self-bepaling in die mensefamilie nie.

Tog omdat daar kragte van goed is in die Groter Gemeenskap van Wêrelde, het julle bondgenote. Ons verteenwoordig die stem van julle bondgenote, die Bondgenote van die Mensdom. Ons is nie hier om julle hulpbronne te gebruik of om wat julle besit weg van julle te neem nie. Ons soek nie om die mensdom as 'n kliëntstaat te stig nie of as 'n kolonie vir ons eie gebruik nie. Pleks daarvan, ons wens om sterkte en wysheid in die mensdom te verkondig omdat ons ondersteun hierdie dwarsdeur die Groter Gemeenskap.

Ons rol, dan, is baie wesenlik, en ons inligting is baie nodig omdat op hierdie tyd selfs mense wat bewus is van die teenwoordigheid van die besoekers nog nie bewus is van hulle voorneme nie. Mense verstaan nie die besoekers se metodes nie. En hulle begryp nie die besoekers se etiek of sedelikheid nie. Mense dink die besoekers is óf engele of monsters. Maar in die werklikheid, is hulle baie soos julle in hulle behoeftes. As julle die wêreld deur hulle oë kon sien, sou julle hul bewussyn en hul motivering verstaan. Maar om daardie te doen, sou julle buite julle eie s'n moet gaan.

Die besoekers is in vier fondamentele bedrywighede betrokke ten einde om invloed in julle wêreld te kry. Elkeen van hierdie bedrywighede is uniek, maar hulle word almal saam gekoördineer. Hulle word uitgevoer omdat die mensdom al vir geruime tyd bestudeer geword. Menslike gedagtes, menslike gedrag, menslike fisiologie en menslike godsdiens word al vir geruime tyd bestudeer. Hierdie word wel verstaan deur julle besoekers en word vir hul eie doelwitte gebruik.

Die eerste gebied van beywering van die besoekers is om individue in posisies van mag en gesag te beïnvloed. Omdat die besoekers nie enigiets in die wêreld wil vernietig nie of die wêreld se hulpbronne skade doen nie, soek hulle om invloed te bekom oor diegene wat hulle waarneem wat in posisies van mag is, in regerings en godsdiens hoofsaaklik. Hulle soek kontak, maar slegs met sekere individue. Hulle het die mag om hierdie kontak te maak, en hulle het die mag van oorreding. Nie almal van diegene wat hulle kontak sal oorreed word nie, maar baie sal oorreed word. Die beloftes van groter mag, groter tegnologie en wêreld domenasie sal baie individue nuuskierig maak en oorwin. En dit is hierdie individue waarmee die besoekers sal soek om 'n verbinding te stig.

Daar is baie weinige mense in die regerings van die wêreld wat so geraak word, maar hulle nommers groei. Die besoekers verstaan die hierargie van mag omdat hulle hulle self volgens dit leef, volgens hulle eie reeks van beheersing, mag julle sê. Hulle is baie georganiseer en baie gefokus in hulle bedrywighede, en die idee om kulture vol vry-denkende individue te hê is grotendeels vreemd vir hulle. Hulle begryp nie of verstaan nie individuele vryheid nie. Hulle is soos baie tegnologies gevorderde samelewings in die Groter Gemeenskap wat beide in hul betreklike wêrelde en in hulle stigtings oor uitgestrekte reikte van die ruimte funksioneer, benuttend 'n baie wel-gestigte en rigiede vorm van regering en organisering. Hulle glo dat die mensdom chaoties en onordelik is, en hulle voel dat hulle orde bring na 'n toestand wat hulle nie hulleself kan begryp nie. Individuele vryheid is onbekend vir hulle, en hulle sien nie die waarde nie. As 'n gevolg, wat hulle soek om in die wêreld te stig sal nie hierdie vryheid eer nie.

Daarom is hulle eerste gebied van beywering om 'n verbinding te stig met individue in posisies van mag en invloed ten einde om hulle getrouheid te wen en hulle te oorreed met die voordelige aspekte van verhouding en gedeelde bedoeling.

Die tweede deel van aktiwiteite, wat dalk die moeilikste is om te verstaan vanuit julle eie perspektief, is die manipulering van godsdientige waardes en impulse. Die besoekers verstaan dat die mensdom se grootste vermoëns verteenwoordig ook sy grootste kwesbaarheid. Mense se verlange na individuele verlossing verteenwoordig een van die grootste voordele wat die mensefamilie het om aan te bied, selfs aan die Groter Gemeenskap. Maar dit is ook julle swakheid. En dit is hierdie aandrang en hierdie waardes wat gebruik sal word.

Sekere groepe van die besoekers wens om hulleself as geestelike agente te stig omdat hulle weet hoe om te praat in die Verstandelike Omgewing. Hulle kan met mense direk kommunikeer, en ongelukkig, omdat daar baie weinige mense in die wêreld is wat die verskil tussen 'n geestelike stem en die besoekers se stem kan onderskei, word die toestand baie moeilik.

Daarom is die tweede gebied van bedrywighede om mense se getrouheid te kry deur hul godsdienstige en geestelike motiverings. Eintlik, kan hierdie baie maklik gedoen word omdat die mensdom nog nie sterk of ontwikkeld in die Verstandelike Omgewing is nie. Dit is moeilik vir mense om te onderskei waarvandaan hierdie impulse kom. Baie mense wil hulleself gee aan enigiets wat hulle dink 'n groter stem en 'n groter mag het. Julle besoekers kan beelde projekteer – beelde van julle gesaligdes, van julle leeraars, van engele – beelde wat bemind en geheilig in julle wêreld gehou word. Hulle het hierdie vermoë ontwikkel deur baie, baie eeue aan te hou om mekaar te probeer beïnvloed en deur die verskillende maniere van oorreding te leer wat in baie plekke in die Groter Gemeenskap beoefen word. Hulle beskou julle as primitief, en so hulle voel dat hulle hierdie invloed op julle kan uitoefen en hierdie metodes op julle kan gebruik.

Hier is daar dan 'n poging om daardie individue te kontak wat as sensitief, ontvanklik en natuurlik geneig om koöperatief te wees kan beskou word. Baie mense sal geselekteer word, maar 'n weinig sal uitverkore word gebaseer op hierdie presiese eienskappe. Julle besoekers sal soek om getrouheid met hierdie individue te kry, om hulle vertroue te wen en hulle toewyding te kry, vertellende die ontvangers dat die besoekers hier is om die mensdom geestelik op te lig, om die mensdom nuwe hoop, nuwe seëninge en nuwe mag te gee – inderdaad die dinge te belowe wat mense so innig wil hê maar nog nie hulleself gevind het nie. Dalk mag jy wonder, "Hoe kan so 'n ding gebeur?" Maar ons kan jou verseker dat dit nie moeilik is nie as jy eers hierdie vaardighede en vermoëns geleer het nie.

Die inspanning hier is om mense te kalmeer en te heronderwys deur geestelike oorreding. Hierdie "Pasifikasie Program" word verskillend gebruik met verskillende godsdienstige groepe afhanklik op hulle ideale en hulle gemoedsgesteldheid. Dit word altyd na ontvanklike individue gerig. Hier word dit gehoop dat mense hulle sin van onderskeiding sal verloor en heeltemal getrou raak aan die groter mag wat hulle voel word vir hulle deur die besoekers gegee word. Wanneer hierdie getrouheid gestig is, word dit meer en meer moeilik vir mense om te onderskei wat hulle binne in hulleself weet van wat vir hulle vertel word. Dit is 'n baie subtiele maar baie deurdringende vorm van oorreding en manipulasie. Ons sal meer praat hieroor as ons voortgaan.

Laat ons nou die derde gebied van bedrywigheid noem, wat is om die besoekers se teenwoordigheid in die wêreld te stig en mense gewoond aan hierdie teenwoordigheid te maak. Hulle wil dat die mensdom aangepas sal word aan hierdie baie groot verandering wat te midde van julle gebeur – dat julle gewoond sal raak aan die besoekers se fisieke teenwoordigheid en aan hulle uitwerking op julle eie Geestelike Omgewing. Om hierdie doel te dien, sal hulle stigtings hier skep, hoewel nie sigbaar nie. Hierdie stigtings sal verborg wees, maar hulle sal baie magtig wees om 'n invloed uit te oefen op mensebevolkings wat in die nabyheid is. Die besoekers sal groot sorg en tyd neem om seker te maak dat hierdie stigtings doeltreffend is en dat genoeg mense getrou aan hulle is. Dit is hierdie mense wat sal waghou oor die besoekers se teenwoordigheid en dit bewaar.

Hierdie is presies wat op hierdie tyd in julle wêreld gebeur. Dit verteenwoordig 'n groot uitdaging en ongelukkig 'n groot risiko. Dieselfde ding wat ons beskryf het so baie keer in so baie plekke in die Groter Gemeenskap gebeur. En opkomende rasse soos julle eie s'n is altyd die kwesbaarste. Sommige opkomende rasse is in staat om hul eie bewustheid, vermoë en samewerking te stig tot so 'n mate dat hulle buiteaardse invloede soos hierdie kan teenwerk en 'n teenwoordigheid en posisie in die Groter Gemeenskap stig. Tog val baie rasse onder die beheersing en invloed van vreemde magte, voordat hulle eens hierdie vryheid kan bereik.

Ons verstaan dat hierdie inligting aanmerklike vrees en dalk ontkenning of deurmekaarheid mag oproer. Maar soos ons gebeure waarneem, besef ons dat daar baie weinige mense is wat bewus is van die toestand soos dit eintlik bestaan. Selfs daardie mense wat bewus word van die teenwoordigheid van buitenaardse kragte is nie in 'n posisie en het nie die uitsigpunt waarvandaan hulle die toestand helder kan sien nie. En omdat hulle altyd hoopvol en optimisties is, soek hulle om hierdie groot verskynsel soveel positiewe betekenis te gee as hulle kan.

Maar die Groter Gemeenskap is 'n mededingende omgewing, 'n moeilike omgewing. Diegene wat in ruimtereis betrokke is verteenwoordig nie die geestelik gevorderdes nie, want diegene wat geestelik gevorderd is soek afsondering van die Groter Gemeenskap. Hulle soek nie koophandel nie. Hulle soek nie om ander rasse te beïnvloed nie of betrokke te raak in die baie ingewikkelde reeks verhoudings wat vir onderling koophandel en voordeel gestig word nie. Pleks daarvan, soek die geestelik gevorderdes om verborg te bly. Dalk is hierdie is 'n baie verskillende begrip, maar dit is 'n noodsaaklike een vir julle om die groot penarie wat vir die mensdom voorlê te kan begryp. Tog hou hierdie penarie groot moontlikhede. Ons sal nou daaroor praat.

In weervil van die gewigtigheid van die toestand wat ons beskryf, voel ons nie dat hierdie omstandighede 'n tragedie vir die mensdom is nie. Inderdaad, as hierdie omstandighede erken en verstaan kan word, en as die voorbereiding vir die Groter Gemeenskap, wat nou in die wêreld bestaan, benut, bestudeer en toegepas kan word, dan sal mense van goeie gewete orals die vermoë hê om Groter Gemeenskap Kennis en Wysheid te bekom. Dus sal mense orals in staat wees om die basis vir samewerking te vind sodat die mensefamilie oplaas 'n eenheid kan stig wat nooit tevore hier gestig was nie. Want dit sal die oorskadu van die Groter Gemeenskap neem om die mensdom te verenig. En hierdie oorskadu gebeur nou.

Dit is julle euolosie om in 'n Groter Gemeenskap van intelligente lewe te verskyn. Dit sal gebeur of julle bereid is of nie. Dit moet gebeur. Voorbereiding, dan, word die sleutel. Begrip en helderheid – hierdie is die dinge wat op hierdie tyd noodsaaklik in julle wêreld is.

Mense orals het groot geestelike gawes wat hulle in staat kan stel om helder te weet en sien. Nou is hierdie gawes benodig. Hulle moet erken, gebruik en vry gedeel word. Dit is nie net vir 'n groot leeraar of 'n groot gesaligde in julle wêreld om hierdie te doen nie. Dit moet nou deur baie meer mense ontwikkel word. Want die toestand bring noodsaaklikheid saam daarmee, en as noodsaaklikheid omhels kan word, bring dit groot geleentheid daarmee saam.

Maar die vereistes om van die Groter Gemeenskap te leer en te begin om Groter Gemeenskap Geestelikheid te aanvaar is baie groot. Nooit tevore moes mense oor sulke dinge in 'n so 'n kort tydperk leer nie. Inderdaad, sulke dinge is skaars ooit tevore deur enigiemand in julle wêreld geleer nie. Maar nou het die behoefte verander. Die omstandighede is verskillend. Nou is daar nuwe invloede te midde van julle, invloede wat julle kan voel en waarvan julle weet.

Die besoekers soek om mense onbekwaam te maak om hierdie visie en hierdie Kennis binne hulself te hê, want julle besoekers het dit nie binne hulself nie. Hulle sien nie die waarde nie. Hulle verstaan nie die werklikheid daarvan nie. In hierdie, is die mensdom as 'n geheel meer gevorderd as hulle. Maar hierdie is net 'n potensiaal, 'n potensiaal wat nou ontwikkel moet word.

Die buitenaardse teenwoordigheid in die wêreld groei. Dit groei elke dag, elke jaar. Baie meer mense val onder die oorreding, verloor hulle vermoë om te weet, word deurmekaar en afgelei, glo in dinge wat hulle net kan verswak en hulle magteloos maak in die gesig van diegene wat sou soek om hulle vir hul eie doelwitte te gebruik.

Die mensdom is 'n opkomende ras. Dit is kwesbaar. Dit sien nou voor 'n stel omstandighede en invloede wat dit nooit tevore gesien het nie. Julle het slegs ge-evolueer om met mekaar mee te ding. Julle het nooit tevore met ander vorms van intelligente lewe meegeding nie. Tog is dit hierdie mededinging wat julle sal versterk en julle grootste eienskappe voortroep as die toestand helder gesien en verstaan kan word.

Dit is die rol van die Onsigbares om hierdie krag te verkondig. Die Onsigbares, wat julle juis engele noem, spreek nie net aan die menslike hart nie, maar aan harte orals wat in staat is om te luister en wat die vryheid gekry het om te luister.

Ons kom, dan, met 'n moeilike boodskap, maar 'n boodskap van belofte en hoop. Dalk is dit nie die boodskap wat mense wil hoor nie. Dit is verseker nie die boodskap wat die besoekers sal verkondig nie. Dit is 'n boodskap wat van persoon tot persoon gedeel kan word, en dit sal gedeel word omdat dit natuurlik is om so te doen. Tog sal die besoekers en diegene wat onder hulle oorreding geval het so 'n bewustheid teenstaan. Hulle wil nie 'n onafhanklike mensdom sien nie. Dit is nie hulle doelwit nie. Hulle glo nie eens dat dit voordelig is nie. Daarom is dit ons ongeveinsde wens dat hierdie idees sonder huiwering beskou word, ernstige denke en 'n diep besorging is hier regverdig.

Daar is baie mense in die wêreld vandag, verstaan ons, wat voel dat 'n groot verandering vir die mensdom kom. Die Onsigbares het ons daarvan vertel. Baie oorsake word aan hierdie sin van verandering toegeskryf. En baie uitkomste word voorspel. Tog tensy julle kan begin om die werklikheid te begryp dat die mensdom in 'n Groter Gemeenskap van intelligente lewe verskyn nie, het julle nog nie die regte konteks om die bestemming van die mensdom of die groot verandering wat in die wêreld gebeur te verstaan nie.

Vanuit ons perspektief, word mense in 'n tyd gebore om daardie tyd te dien. Hierdie is 'n lering in Groter Gemeenskap Geestelikheid, 'n lering waarvan ons ook studente is. Dit verkondig vryheid en die mag van gedeelde bedoeling. Dit skenk gesag aan die individu en aan die individu wat by andere kan aansluit – idees wat ongewoon aanvaar of aangeneem word in die Groter Gemeenskap, want die Groter Gemeenskap is nie die hemelse staat nie. Dit is 'n fisiese werklikheid met die moeilikheid van oorlewing en alles wat dit meebring. Alle wesens in hierdie werklikheid moet met hierdie behoeftes en probleme worstel. En in hierdie, is julle besoekers meer soos julle as julle besef. Hulle is nie onbegrypbaar nie. Hulle sou soek om onbegrypbaar te wees, maar hulle kan verstaan word. Julle het die mag om dit te doen, maar julle moet met helder oë sien. Julle moet sien met 'n groter visie en weet met 'n groter intelligensie, wat julle nou die moontlikheid het om binne julle self te ontwikkel.

Dit is noodsaaklik nou vir ons meer te praat betreffend die tweede gebied van invloed en oorreding omdat hierdie baie belangrik is, en dit is ons ongeveinsde wens dat julle hierdie dinge sal verstaan en hulle vir julleself beskou.

Die godsdienste van die wêreld hou die sleutel aan menslike toewyding en menslike getrouheid, meer as regerings, meer as enige ander instelling. Hierdie plaas die mensdom in goeie lig omdat godsdienste soos hierdie dikwels moeilik is om te vind in die Groter Gemeenskap. Julle wêreld is ryk wat dit betref, maar julle sterkpunt is ook waar julle swak en kwesbaar is. Baie mense wil goddelik gelei en benoem word, die leisels van hul eie lewens oorgee en 'n groter geestelike mag hê wat hulle rig, hulle aanraai en hulle bewaar. Hierdie is 'n opregte begeerte, maar in 'n Groter Gemeenskap konteks, moet groot wysheid ontwikkel word ten einde om hierdie wens te vervul. Dit is baie hartseer vir ons om te sien hoe mense hulle gesag so maklik weg sal gee – iets wat hulle nooit eens volledig gehad het nie, word gewillig weggee aan diegene wat onbekende vir hulle is.

Hierdie boodskap is bestem om mense te bereik wat 'n groter geestelike affiniteit het. Daarom is dit noodsaaklik dat ons meer oor hierdie onderwerp sê. Ons aanbeveling is 'n geestelikheid wat in die Groter Gemeenskap geleer is, nie 'n geestelikheid wat deur nasies, regerings of politieke bondgenootskappe geleer is nie, maar 'n natuurlike geestelikheid – die vermoë om te weet, te sien en te doen. En tog word hierdie nie deur julle besoekers beklemtoon nie. Hulle soek om mense te laat glo dat die besoekers hulle familie is, dat die besoekers hulle tuiste is, dat die besoekers hulle broers en susters is, hulle moeders en vaders.

Baie mense wil glo, en so hulle glo. Mense wil hulle persoonlike gesag oorgee, en so word dit oorgegee. Mense wil vriende en redding in die besoekers sien, en so is hierdie wat vir hulle gewys word.

Dit sal groot nugterheid en objektiwiteit neem ten einde om deur hierdie misleiding en hierdie moeilikhede te sien. Dit sal noodsaaklik wees vir mense om hierdie te doen vir die mensdom om suksesvol in die Groter Gemeenskap te verskyn en sy vryheid en sy self-bepaling volhou in 'n omgewing van groter invloede en groter kragte. In hierdie, kan julle wêreld oorgeneem sonder om 'n skoot te vuur, want geweld word as primitief en onbeskof beskou en word ongewoon in sake soos hierdie gebruik.

Dalk mag jy vra, "Beteken hierdie dat daar 'n indringing van ons wêreld is?" Ons moet sê dat die antwoord vir hierdie is "ja,", 'n indringing van die mees subtiele soort. As julle hierdie gedagtes kan vermaak en hulle ernstig beskou, sal julle in staat wees om hierdie dinge vir julleself te sien. Die bewys van hierdie indringing is oral. Julle kan sien hoe menslike vermoë teegewer word deur die wens vir gelukkigheid, vrede en sekuriteit, hoe mense se visie en vermoë om te weet belemmer word deur invloede selfs in hul eie kulture. Hoeveel groter sal hierdie invloede wees in 'n Groter Gemeenskap omgewing.

Hierdie is die moeilike boodskap wat ons moet oordra. Hierdie is die boodskap wat gesê moet word, die waarheid wat gepraat moet word, die waarheid wat lewens belangrik is en nie kan wag nie. Dit is nou so noodsaaklik vir mense om 'n groter Kennis, 'n groter Wysheid en 'n Groter Geestelikheid te leer sodat hulle hul ware vermoëns mag vind en om in staat wees om hulle doeltreffend te gebruik.

Julle vryheid is in die weegskaal. Die toekoms van julle wêreld is in die weegskaal. Dit is as gevolg hiervan dat ons hierheen gestuur is om vir die Bondgenote van die Mensdom te praat. Daar is diegene in die heelal wat Kennis en Wysheid lewend hou en wat 'n Groter Gemeenskap Geestelikheid beoefen. Hulle reis nie orals rond en projekteer invloed oor verskillende wêrelde nie. Hulle neem nie julle mense teen hulle wil nie. Hulle steel nie julle diere en julle plante nie. Hulle beïnvloed nie julle regerings nie. Hulle soek nie om met die mensdom te teel ten einde om 'n nuwe leierskap hier te skep nie. Julle bondgenote soek nie om in menslike sake in te meng nie. Hulle soek nie om menslike bestemming te manipuleer nie. Hulle kyk van ver af en hulle stuur afgevaardiges soos onsself, met groot risiko vir ons, om raad en aanmoediging te gee en dinge te verhelder wanneer daardie noodsaaklik word. Ons, daarom, kom in vrede met 'n lewensbelangrike boodskap.

Nou moet ons praat van die vierde area waarin julle besoekers beywer om hulleself te stig, en hirdie is deur kruisteling. Hulle kan nie in julle omgewing leef nie. Hulle benodig julle fisiese uithouvermoë. Hulle het julle natuurlike affiniteit met die wêreld nodig. Hulle benodig julle reproduktiewe vermoëns. Hulle wil ook met julle genoodskap skep omdat hulle verstaan hierdie getrouheid sal bring. Hierdie, in 'n manier, stig hulle teenwoordigheid hier omdat die kroos van so 'n program bloed verwantskappe in die wêreld sal hê, maar tog sal hulle getrouheid aan die besoekers hê. Dalk lyk hierdie ongelooflik, tog is dit so baie werklik.

Die besoekers is nie hier om julle reproduktiewe vermoëns van julle weg te neem nie. Hulle is hier om hulleself te stig. Hulle wil dat die mensdom in hulle sal glo en hulle sal dien. Hulle wil dat die mensdom vir hulle sal werk. Hulle sal enigiets belowe, enigiets aanbied en enigiets doen om hierdie doelwit te bereik. Tog hoewel hulle oorreding groot is, is hulle nommers klein. Maar hulle invloed groei en hulle program van kruisteel, wat vir 'n weinige generasies aan die gang is, sal uiteindelik doeltreffend wees. Sulke dinge is moontlik en het ontelbare kere in die Groter Gemeenskap gebeur. Julle hoef net na julle eie geskiedenis te kyk om die impak van kulture en rasse op mekaar te sien en hoe oorheersend en invloedryk hierdie interaksies kan wees.

Dus, bring ons met ons belangrike nuus, ernstige nuus. Maar julle moet moed hou, want hierdie is nie 'n tyd vir twyfelagtigheid nie. Hierdie is nie 'n tyd om ontsnapping te soek nie. Hierdie is nie 'n tyd om jouself met jou eie gelukkigheid te besorg nie. Hierdie is 'n tyd by te dra aan die wêreld, die mensefamilie te versterk en daardie natuurlike vermoëns wat in mense bestaan voort te roep – die vermoë om te sien, te weet en op te tree in ooreenstemming met mekaar. Hierdie vermoëns kan die invloed wat op hierdie tyd op die mensdom gewerp word teenwerk, maar hierdie vermoëns moet groei en gedeel word. Dit is van die grootste belangrikheid.

Hierdie is ons raad. Dit kom met goeie voorneme. Wees bly dat julle bondgenote in die Groter Gemeenskap het, want bondgenote julle sal nodig. Julle is besig om in te gaan by 'n groter heelal, vol kragte en invloede julle nie geleer het om teë te werk nie. Julle is besig om 'n groter panarama van die lewe te ervaar. En julle moet vir hierdie voorberei. Ons woorde is maar deel van die voorbereiding. 'n Voorbereiding word nou in die wêreld gestuur. Dit kom nie van ons af nie. Dit kom van die Skepper van alle lewe. Dit kom net op die regte tyd. Want hierdie is die tyd vir die mensdom om sterk en wys te word. Julle het die vermoë om hierdie te doen. En die gebeure en omstandighede van julle lewe roep hierna.

Die Uitdaging aan Menslike Vryheid

Die mensdom aankom by 'n baie gevaarlike en baie belangrike tyd in sy gesamentlike ontwikkeling. Julle is op die rand van in 'n Groter Gemeenskap van intelligente lewe op te kom. Julle sal ander rasse van wesens ontmoet wat na julle wêreld kom soekend om hulle belangstellings te beskerm en watter geleenthede voor mag lê, te ontdek. Hulle is nie engele of engelagtige wesens nie. Hulle is nie geestelike entiteite nie. Hulle is wesens wat kom na julle wêreld vir hulpbronne, vir bondgenootskape en om 'n voordeel te kry in 'n opkomende wêreld. Hulle is nie boos nie. Hulle is nie heilig nie. In daardie, is hulle ook baie soos julle. Hulle is net deur hulle behoeftes, hulle assosiasies, hulle oortuigings en hulle gesamentlike doelwitte aangedrewe.

Hierdie is 'n baie groot tyd vir die mensdom, maar die mensdom is nie bereid nie. Van ons perspektief, ons kan hierdie op 'n groter skaal sien. Ons raak nie betrokke in die daaglikse lewens van individue in die wêreld nie. Ons probeer nie om regerings te oorreed nie of aanspraak maak aan sekere dele van die wêreld of sekere hulpbronne wat daar bestaan nie. Pleks daarvan, ons waarneem, en ons wens om te rapporteer wat ons waarneem, want hierdie is ons sending om hier te wees.

Die Onsigbares het ons vertel dat daar vandag baie is wat 'n vreemde ongerieflikheid voel, 'n sin van onduidelike dringendheid, 'n gevoel dat iets gaan gebeur en dat iets gedoen moet word. Dalk is daar niks in hul daaglikse sfeer van ervaring nie wat hierdie dieper gevoelens regverdig, wat die belangrikheid van hierdie gevoelens bevestig, of wat substansie vir hulle uitdrukking gee. Ons kan hierdie verstaan omdat ons het deur gelyksoortige dinge onsself in ons eie geskiedenisse gewees. Ons verteenwoordig etlike rasse saam aangesluit in ons klein bondgenootskap om die verskyning van Kennis en Wysheid in die heelal te ondersteun, veral met rasse wat op die drumpel is van in die Groter Gemeenskap te verskyn. Hierdie opkomende rasse is besonder kwesbaar aan vreemde invloed en manipulering. Hulle is besonder kwesbaar om hulle situasie te misverstaan en dit is verstaanbaar, want hoe kan hulle die betekenis en die ingewikkeldheid van die lewe in die Groter Gemeenskap begryp? Die is waarom ons wens om ons kleine deel te speel om die mensdom voor te berei en te onderwys.

In ons eerste diskoers, het ons 'n wyde beskrywing van die besoekers se betrokkenheid in vier gebiede gegee. Die eerste gebied is die invloed op belangrike mense in posisies van mag in regerings en op die hof van godsdienstige instellings.

Die tweede gebied van invloed is op mense wat 'n geestelike geneigdheid hê en wat wens om hulleself oop te maak aan die groter magte wat in die heelal bestaan. Die derde gebied van betrokkenheid is die besoekers se bou van stigtings in die wêreld in strategiese lokasies, naby bevolkingssentrums, waar hulle invloed op die Verstandelike Omgewing beoefen kan word. En laaste, ons het van hulle program van kruisteling met die mensdom gepraat, 'n program wat vir 'n baie lank tyd aan die gang is.

Ons verstaan hoe troeblend hierdie nuus mag wees en dalk hoe teleurstellend dit mag wees vir baie mense wat hoë hope en verwagtings gehad het dat besoekers van buite sou seënings en groot voordeel vir die mensdom bring. Dit is dalk natuurlik om hierdie dinge te aanneem en te verwag, maar die Groter Gemeenskap waarin die mensdom verskyn is 'n moeilike en mededingende omgewing, veral in gebiede in die heelal waar baie verskillende rasse ding mee en inwerk op mekaar vir ruil en koophandel. Julle wêreld bestaan in so 'n gebied. Hierdie mag ongelooflik lyk vir jou omdat dit het altyd gelyk dat julle in isolasie geleef het, alleen in die uitgestrekte leegheid van die ruimte. Maar werklik leef julle in 'n pragtige wêreld – 'n wêreld van groot biologiese diversiteit, 'n pragtige plek in kontras met die kaalheid van so baie ander wêrelde.

Maar hierdie gee julle situasie groot dringendheid en veroorsaak 'n ware risiko, want julle besit wat baie andere vir hulleself wil hê. Hulle soek nie om julle te vernietig nie maar om julle getrouheid en julle bondgenootskap te kry sodat julle bestaan in die wêreld en julle bedrywighede hier vir hulle voordeel kan wees. Julle verskyn in 'n rype en ingewikkelde stel omstandighede. Hier julle kan nie soos kleine kinders wees en glo en hoop vir al die seënings van almal wat jy mag ontmoet nie. Julle moet wys en onderskeidend word, soos ons, deur ons moeilike geskiedenisse, moes wys en onderskeidend word. Nou sal die mensdom moet leer oor die maniere van die Groter Gemeenskap, oor die ingewikkeldhede van interaksie tussen rasse, oor die ingewikkeldhede van handel en oor die subtiele manipulerings van assosiasies en bondgenootskappe wat tussen wêrelde gestig word. Dit is 'n moeilike maar belangrike tyd vir die mensdom, 'n tyd van groot belofte as ware voorbereiding onderneem kan word.

In hierdie, ons tweede diskoers, wil ons in groter detail praat oor die ingryping in menslike sake deur etlike groepe besoekers, wat hierdie vir julle kan beteken en wat hierdie sal verg. Ons kom nie om vrees te oproer nie maar 'n sin van verantwoordelikheid uit te lok, 'n groter bewustheid voort te bring en voorbereiding vir die lewe waarin julle ingaan aan te moedig, 'n groter lewe maar 'n lewe met groter probleme en uitdagings ook.

Ons het hier gestuur geword deur die geestelike mag en teenwoordigheid van die Onsigbares. Dalk sal jy van hulle in 'n vriendelike manier as engele dink, maar in die Groter Gemeenskap hulle rol is groter en hulle betrokkenheid en hulle bondgenootskappe is diep en deurdringend. Hulle geestelike mag is hier om gevoelende wesens in alle wêrelde en in alle plekke te seën en die ontwikkeling van die dieper Kennis en Wysheid te bevorder wat die vreedsame verskyning van verhoudings, albei tussen wêrelde en in wêrelde, moontlik sal maak. Ons is hier op hulle behoewe. Hulle het ons gevra om te kom. En hulle het ons baie van die inligting wat ons hê gegee, inligting wat ons nie onsself kon versamel nie. Van hulle het ons baie oor julle natuur geleer. Ons het baie oor julle vermoëns, julle sterktes, julle swakhede en julle groot kwesbaarheid geleer. Ons kan hierdie dinge begryp omdat die wêrelde waarvandaan ons gekom het, het deur hierdie groot draaipunt van verskyning in die Groter Gemeenskap deurgegaan. Ons het baie geleer, en ons het baie gely van ons eie foute, foute wat ons hoop die mensdom sal vermy.

Ons kom dan nie slegs met ons eie ervaring nie, maar met 'n dieper bewustheid en 'n dieper sin van bedoeling wat vir ons deur die Onsigbares gegee geword het. Ons waarneem julle wêreld van 'n naby lokasie, en ons monitor die kommunikasies van diegene wat julle besoek. Ons weet wie hulle is. Ons weet waarvandaan hulle gehom het en waarom hulle hier is. Ons ding nie mee hulle nie, want ons is nie hier om die wêreld te ontgin nie. Ons beskou onsself om die Bondgenote van die Mensdom te wees, en ons hoop dat met tyd julle ons as sulke sal beskou, want sulke is ons. En hoewel ons nie hierdie kan beproef nie, ons hoop om hierdie te betoon deur ons woorde en deur die wysheid van ons raad. Ons hoop om julle voor te berei vir wat voor julle lê. Ons kom in ons sending met 'n sin van dringendheid, want die mensdom is ver agter in sy voorbereiding vir die Groter Gemeenskap. Baie vroeër pogings dekade gelede om kontak met mense te maak en mense voor te berei vir hulle toekoms het onsuksesvol geblyk. Slegs 'n weinige mense kon bereik geword, en as vir ons vertel geword het, baie van hierdie kontakte was verkeerd opvat en baie was deur andere vir verskillende doelwitte gebruik.

Daarom het ons gestuur geword in die plek van diegene wat tevore ons gekom het om hulp aan die mensdom te lewer. Ons werk saam in ons verenigde saak. Ons verteenwoordig nie 'n groot militêre krag nie maar meer 'n geheime en heilige bondgenootskap. Ons wil nie die soort sake wat in die Groter Gemeenskap bestaan sien in julle wêreld bedrywe nie. Ons wil nie die mensdom sy vryheid en sy self-bepaling sien verloor nie. Hierdie is werklike risikos. Weens hierdie, ons moedig jou aan om ons woorde diep te beskou, sonder vrees, as daardie moontlik is, en met die soort oortuiging en vasberadenheid wat ons weet in alle menslike harte woon.

Vandag en môre en die volgende dag, groot bedrywigheid is aan die gang en sal aan die gang wees om 'n netwerk van invloed oor die menseras te stig deur diegene wat die wêreld vir hulle eie doelwitte besoek. Hulle voel dat hulle kom hier om die wêreld van die mensdom te red. Sommige eens glo dat hulle hier is om die mensdom van sigself te red. Hulle voel dat hulle in die reg is en beskou nie dat hulle aksies onvanpas of on-eties is nie. Volgens hulle etieke, hulle doen wat as redelik en belangrik beskou word. Maar vir alle vryheid-liewende wesens, kan so 'n benaderingswyse nie regverdig word nie.

Ons waarneem die besoekers se bedrywighede, wat groeiend is. Elke jaar, is daar meer van hulle hier. Hulle kom van ver af. Hulle bring voorrade. Hulle verdiep hulle inwikkeling en betrokkenheid. Hulle stig stasies van kommunikasie in baie plekke in julle sonnestelsel. Hulle waarneem alle van julle aanvanklike invalle in die ruimte, en hulle sal teenwerk en vernietig enigiets wat hulle voel met hulle bedrywighede sal inmeng. Hulle soek om beheersing te stig nie slegs van julle wêreld nie maar van die gebied om julle wêreld. Hierdie is omdat daar mededingende kragte hier is. Elkeen verteenwoordig die bondgenootskap van etlike rasse.

Laat ons nou die laaste van die vier gebiede aanspreek waaroor ons in ons eerste diskoers gepraat het. Hierdie betref met die besoekers se kruisteling met die menslike spesies. Laat ons eers vir jou 'n bietjie geskiedenis gee. Baie duisende jare gelede, in julle tyd, het etlike rasse gekom om met die mensdom te kruisteel om die mensdom 'n groter intelligensie en aanpassingsvermoë te gee. Hierdie het tot die baie skielike verskyning van wat ons verstaan "Moderne Mens" genoem word. Hierdie het julle oorheersing en mag in julle wêreld gegee. Hierdie het lank gelede gebeur.

Maar die kruistelingsprogram wat nou gebeur is glad nie dieselfde nie. Dit word onderneem deur 'n verskillende stel wesens en deur verskillende bondgenootskappe. Deur kruisteling, soek hulle om 'n mens te stig wat deel van hulle assosiasie is tog wat in julle wêreld kan oorleef en wat 'n natuurlike affiniteit met die wêreld kan hê. Julle besoekers kan nie op die oppervlak van julle wêreld leef nie. Hulle moet óf skuiling ondergrond soek, wat hulle nou doen, of hulle moet op hulle eie voertuie leef, wat hulle dikwels versteek in groot massas van water hou. Hulle wil met die mensdom kruisteel om hulle belangstellings hier te beskerm, wat hoofsaaklik die hulpbronne van julle wêreld is. Hulle wil menslike getrouheid verseker, en so vir 'n weinige generasies het hulle in 'n kruistelingsprogram betrokke gewees, wat in die laaste ongeveer twintig jare het baie ekstensief geword.

Hulle doelwit is tweeledig. Eerste, soos ons het gesê, wil die besoekers 'n mensagtige wesen skep wat in julle wêreld kan leef maar wat verband aan hulle sal wees en wat 'n groter stel gevoelighede en vermoëns sal hê. Die tweede doelwit van hierdie program is om al diegene wat hulle ontmoet te invloed en mense aan te moedig om hulle by te staan in hulle onderneming. Die besoekers soek en nodig menslike bystand. Hierdie verder hulle program in alle betreffe. Hulle beskou julle as waardevol. Maar hulle beskou julle nie as hulle eweknieë of hulle gelykes nie. Nuttig, daardie is hoe julle waargeneem word. So, in almal wat hulle sal ontmoet, in almal wat hulle sal wegneem, sal die besoekers soek om hierdie sin van hulle meerderwaardigheid, hulle waarde en hulle werd en die beduidendheid van hulle ondernemings in die wêreld voort te bring. Die besoekers sal vertel vir almal wat hulle kontak dat hulle hier vir die goed is, en hulle sal verseker diegene wat hulle gevang het dat hulle hoef nie bang te wees nie. En met diegene wat besonder ontvanklik lyk, sal hulle probeer om bondgenootskappe te stig – 'n gedeelde sin van bedoeling, selfs 'n gedeelde sin van indenteit en familie, van erfenis en bestemming.

In hulle program, het die besoekers menslike fisiologie en psigologie baie extensief gestudeer, en hulle sal voordeel neem van wat mense wil hê, veral daardie dinge wat mense wil hê maar het nie in staat gewees om vir hulleself te kry nie, soos vrede en orde, skoonheid en rustigheid. Hierdie sal aanbied word en sommige mense sal glo. Andere sal net as benodig gebruik word.

Hier is dit noodsaaklik om te verstaan dat die besoekers glo dat hierdie heeltemal verpas is ten einde om die wêreld te volhou. Hulle voel dat hulle die mensdom 'n groot diens doen, en so hulle is heelhartig in hulle oorredings. Ongelukkig, betoon hierdie 'n groot waarheid oor die Groter Gemeenskap – dat ware Wysheid en ware Kennis so ongewoon in die heelal is as hulle in julle wêreld moet lyk. Dit is natuurlik vir julle om te hoop en te verwag dat ander rasse kronkelendheid, selfsugtige natrewings, mededinging en konflik uitgegroei het. Maar, helaas, hierdie is nie die geval nie. Groter tegnologie verhoog nie die verstandelike en geestelike sterkte van individue nie.

Vandag is daar baie mense wat herhaaldelik teen hulle wil weggeneem word. Omdat die mensdom baie bygelowig is en soek om dinge wat dit nie kan verstaan nie te ontken, hierdie ongelukkige bedrywigheid word met groot sukses aangedra. Selfs nou, is daar hibridiese individue, deel-menslik, deel-buiteaards, lopend in julle wêreld. Daar is nie baie van hulle nie, maar in die toekoms sal hulle getalle groei. Dalk sal jy eendag een ontmoet. Hulle sal dieselfde soos jou lyk maar verskillend wees. Jy sal dink hulle mense is, maar iets wesenlik sal lyk om vermis in hulle te wees, iets wat in julle wêreld gewaardeer is. Dit is moontlik om in staat te wees om hierdie individue te onderskei en te identifiseer, maar ten einde om so te doen, sou jy vaardig in die Verstandelike Omgewing moet word en leer wat Kennis en Wysheid in die Groter Gemeenskap beteken.

Ons voel dat hierdie lering van die grootste belangrikheid is, want ons sien van ons uitsigspunt alles wat in julle wêreld gebeur, en die Onsigbares aanraai ons betreffend dinge ons nie kan sien nie of toegang daaraan hê nie. Ons verstaan hierdie gebeure, want hulle het ontelbaar keer in die Groter Gemeenskap gebeur, as invloed en oorreding gewerp word op rasse wat óf te swak of te kwesbaar is om doeltreffend te beantwoord.

Ons hoop en ons vertrou dat geen van julle wat hierdie boodskap mag hoor sal dink dat hierdie indringings in die mense se lewe voordelik is nie. Diegene wat geraak word sal beïnvloed word om te dink dat hierdie ontmoetings voordelik is, albei vir hulleself en vir die wêreld. Mense se geestelike verlangste, hulle wens vir vrede en ooreenstemming, familie en insluiting sal almal deur die besoekers aangespreek word. Hierdie dinge wat iets so spesiaal oor die menseras verteenwordig is, sonder Wysheid en voorbereiding, 'n teken van julle groot kwesbaarheid. Slegs daardie individue wat sterk met Kennis en Wysheid is kon die bedrieëry agter hierdie oorredings sien. Slegs hulle is in 'n posisie om die bedrog te sien wat op die menseras bedrywe word. Slegs hulle kan hulle verstande beskerm teen die invloed wat vandag in die Verstandelike Omgewing in so baie plekke in die wêreld gewerp word. Slegs hulle sal sien en weet.

Ons woorde sal nie genoeg wees nie. Manne en vroue moet leer om te sien en te weet. Ons kan slegs hierdie aanmoedig. Ons aankoms hier by julle wêreld het in ooreenstemming met die opvoering van die lering in Groter Gemeenskap Geestelikheid gebeur, want nou is die voorbereiding hier en daardie is waarom ons 'n bron van aanmoediging kan wees. As die voorbereiding nie hier was nie, sou ons weet dat ons vermanings en ons aanmoediging nie sou genoegsaam wees en nie suksesvol sou wees. Feitlik, is hierdie die belangrikste behoefte van die mensdom op hierdie tyd.

Daarom ons moedig jou aan om nie te glo dat die wegneem van mense en hulle kinders en hulle gesinne het enige voordeel maar enigsins vir die mensefamilie nie. Ons moet hierdie beklemtoon. Julle vryheid is kosbaar. Jou individuele vryheid en julle vryheid as 'n ras is kosbaar. Dit het ons so lank geneem om ons vryheid te herkry. Ons wil nie sien julle julle s'n verloor nie.

Die kruistelingsprogram wat in die wêreld gebeur sal aanhou. Die enigste manier dat dit gestop kan word is deur mense hierdie groter bewustheid en sin van innerlike gesag te kry. Slegs hierdie sal hierdie indringings tot 'n einde bring. Slegs hierdie sal die bedrieëry agter hulle ontdek. Dit is moeilik vir ons om te verbeeld hoe aaklig hierdie vir julle volk moet wees, vir daardie manne en vroue, vir daardie klein ene, wat hierdie behandeling, hierdie heronderwys, hierdie pasifikasie ondergaan. Vir ons waardes, lyk hierdie afskuwelik, en tog weet ons dat hierdie dinge gebeur in die Groter Gemeenskap en het sedert tevore herinnering gebeur.

Dalk sal ons woorde meer en meer vrae genereer. Hierdie is gesond en hierdie is natuurlik, maar ons kan nie al julle vrae beantwoord nie. Julle moet die middels vind om die antwoorde vir julleself te kry. Maar julle kan nie hierdie sonder 'n voorbereiding doen nie, en julle kan nie hierdie sonder 'n oriëntering doen nie. Op hierdie tyd, die mensdom as 'n heel, ons verstaan, kan nie tussen 'n Groter Gemeenskap betoning en 'n geestelike betoning onderskei nie. Hierdie is wragtig 'n moeilike toestand omdat julle besoekers kan beelde uitsteek, en hulle kan aan mense praat deur die Verstandelike Omgewing en hulle stemme kan deur mense ontvang en uitdruk word. Hulle kan hierdie soort invloed werp omdat die mensdom nog nie hierdie soort vaardigheid of onderskeiding het nie.

Die mensdom is nie verenig nie. Dit is afsonder gebreek. Dit is in stryding met sigself. Hierdie maak julle uiters kwesbaar aan buitekantse inmenging en manipulering. Dit word verstaan deur julle besoekers dat julle geestelike begeerte en neigings maak julle besonder kwesbaar en besonder goeie onderwerpe vir hulle gebruik. Hoe moeilik is dit om ware objektiwiteit te kry betreffend hierdie dinge. Selfs waarvandaan ons gekom het, het dit 'n groot uitdaging gewees. Maar vir diegene wat wens om vry te bly en self-bepaling te oefen in die Groter Gemeenskap, hulle moet hierdie vaardighede ontwikkel, en hulle moet hulle eie hulpbronne volhou ten einde om te vermy om vereis te word om hulle van andere te soek. As julle wêreld sy selfgenoegsaamheid verloor, sal dit baie van sy vryheid verloor. As jy buite julle wêreld moet gaan om die hulpbronne te soek wat julle nodig om te leef, dan sal julle baie van julle mag aan andere verloor. Omdat die hulpbronne van julle wêreld vinnig verminderend is, is hierdie 'n ernstige besorging vir dié van ons wat van ver af kyk. Dit is ook van besorging vir julle besoekers, want hulle wil die vernitieging van julle omgewing verhoed, nie vir julle nie maar vir hulle.

Die kruistelingsprogram het slegs een doelwit, en hierdie is om die besoekers in staat te stel om 'n teenwoordigheid en 'n beheersende invloed in die wêreld te stig. Moenie dink dat die besoekers ontbreek iets wat hulle van julle nodig ander as julle hulpbronne nie. Moenie dink dat hulle julle menslikheid nodig nie. Hulle wil slegs julle menslikheid hê om hulleself van hulle posisie in die wêreld te verseker. Moenie gevlei wees nie. Moenie jouself in sulke gedagtes toegee nie. Hulle is ongeregverdig. As jy kan leer om die situasie helder as dit werklik is te sien, sal jy hierdie dinge sien en weet vir jouself. Jy sal verstaan waarom ons hier is en waarom die mensdom bondgenote nodig in 'n Groter Gemeenskap van intelligente lewe. En jy sal die belangrikheid sien van groter Kennis en Wysheid te leer en van Groter Gemeenskap Geestelikheid te leer.

Omdat julle in 'n omgewing verskyn waar hierdie dinge vitaal word vir sukses, vir vryheid, vir gelukkigheid en vir sterkte, sal julle groter Kennis en Wysheid nodig ten einde om julleself as 'n onafhanklike ras te stig in die Groter Gemeenskap. Maar julle onafhanklikheid word met elke verbygaande dag verloor. En julle mag nie die verlies van julle vryheid sien, hoewel dalk sal julle dit voel in sommige manier. Hoe kon julle dit sien? Julle kan nie buite julle wêreld gaan en getuig van die gebeure wat dit omring nie. Julle het nie toegang aan die politieke en kommersiële betrokkenhede van die buiteaardse kragte opererend vandag in die wêreld om hulle ingewikkeldheid, hulle etieke of hulle waardes te verstaan nie.

Moet nooit dink dat enige ras wat vir koophandel reis geestelik bevorderd is nie. Diegene wat koophandel soek, soek voordeel. Diegene wat van wêreld tot wêreld reis, diegene wat hulpbronsonsoekers is, diegene wat soek om hulle eie vlae te plant is nie wat julle sou beskou as geestelik bevorderd nie. Ons beskou nie hulle as geestelik bevorderd nie. Daar is wêreldlike mag, en daar is geestelike mag. Jy kan die verskil tussen hierdie dinge verstaan, en nou is dit noodsaaklik om hierdie verskil binne 'n groter omgewing te sien.

Ons kom, dan, met 'n sin van toewyding en sterk aanmoediging vir julle om julle vryheid vol te hou, om sterk en onderskeidend te word en nie in oorredings of beloftes van vrede, mag en insluiting van diegene wat julle nie ken nie in te gee nie. En moenie jouself laat vertroos word om te dink dat alles sal goed wees vir die mensdom of selfs jy persoonlik nie, want hierdie is nie Wysheid nie. Want die Wyse in enige plek moet leer om die werklikheid van die lewe om hulle te sien en leer om hierdie lewe in 'n voordelike manier te onderhandel.

Daarom, ontvang ons aanmoediging. Ons sal weer praat betreffend hierdie sake en illustreer die belangrikheid van onderskeiding en diskresie te kry. En ons sal meer praat oor die betrokkenheid van julle besoekers in die wêreld in gebiede wat baie belangrik is vir julle om te verstaan. Ons hoop dat julle ons woorde kan ontvang.

'n Groot Waarskuwing

Ons het anstig gewees om meer met julle te praat betreffend die sake van julle wêreld en julle te help kom om te sien, as dit moontlik is, wat ons van ons eie uitsigspunt sien. Ons besef hierdie is moeilik om te ontvang en sal baie angsvalligheid en besorg veroorsaak, maar julle moet ingelig wees.

Die situasie is baie erg van ons perspektief, en ons dink dit sou 'n enorme mislukking wees as mense nie korrek ingelig was nie. Daar is soveel bedrieëry in die wêreld waarin julle leef, en in baie ander wêrelde ook, dat die waarheid, hoewel dit blykbaar en duidelik is, gaan onerkend, en sy voortekens en boodskappe word nie ontdek nie. Daarom hoop ons dat ons teenwoordigheid kan help om die prent te verhelder en help jou en andere om te sien wat wragtig daar is. Ons het nie hierdie kompromisse in ons waarneming nie, want ons was hiernatoe gestuur om dieselfde dinge wat ons beskryf te betuig.

Dalk met tyd sal julle in staat wees om hierdie dinge vir julleself te weet, maar julle het nie hierdie soort tyd nie. Die tyd nou is kort. Die mensdom se voorbereiding vir die verskyning van kragte vanuit die Groter Gemeenskap is ver agter skedule. Baie belangrike mense het nie beantwoord nie. En die indringing in die wêreld het versnel op 'n ver groter tempo as oorspronklik as moontlik bedink was.

Ons kom met min tyd om te spaar, en tog kom ons met aanmoediging vir julle om hierdie inligting te deel. Soos ons in ons vorige boodskappe bedui het, die wêreld word geïnfiltreer en die Verstandelike Omgewing word beding en voorberei. Die voorneme is nie om mense te verdelg nie maar om hulle te gebruik, om hulle werkers te maak vir 'n groter "kollektief". Die instellings van die wêreld en vir seker die natuurlike omgewing word gewaardeer, en dit is die voorkeur van die besoekers dat hierdie word vir hulle gebruik bewaar. Hulle kan nie leef hierso nie, en so om julle getrouheid te kry, gebruik hulle baie van die tegnieke wat ons beskryf het. Ons sal aanhou in ons beskrywing om hierdie dinge te verhelder.

Ons aankoms hier het deur etlike faktore gefnuik geword, nie die minste daarvan nie is 'n gebrek van gereedheid van diegene wat ons direk moet bereik. Ons spreker, die skrywer van hierdie boek, is die enigste een waarmee ons in staat gewees het om 'n vas kontak te stig. Daar is 'n weinige andere wat belofte wys, maar ons moet ons spreker die fondamentele inligting gee.

Van die perspektief van die besoekers, soos ons het geleer, is die Verenigde State as die wêreld leier beskou, en so die grootste beklemtoning sal hier geplaas word. Maar ander groot nasies ook sal gekontak word, want hulle word erkend om mag te hou, en mag word deur die besoekers verstaan, want hulle volg die bevele van mag sonder gevra en tot 'n ver groter mate as dit selfs in julle wêreld blykbaar is.

Pogings sal gemaak word om die leiers van die sterkste nasies te oorred om ontvanklik te word aan die teenwoordigheid van die besoekers en om gawe en lokmiddels vir samewerking te ontvang met die belofte van onderling voordeel, en selfs die belofte van wêreld oorheersing vir sommige daarvan. Daar sal dié wees in die gange van mag in die wêreld wat tot hierdie lokmiddels sal beantwoord, want hulle sal dink daar 'n groot geleentheid hier is om die mensdom verby die spookbeeld van nuklêre oorlog in 'n nuwe gemeenskap op die aarde, 'n gemeenskap wat hulle vir hulle eie doelwitte sal lei. Tog is hierdie leiers bedrog, want hulle sal nie die sleutels aan hierdie sfeer kry nie. Hulle sal net die skeidsmanne in die oorgang van mag wees.

Hierdie jy moet verstaan. Dit is nie so ingewikkeld nie. Van ons waarneming en perspektief, is dit duidelik. Ons het hierdie gesien in ander plekke gebeur. Dit is een van die maniere dat gestigte organisasies van rasse wat hulle eie kollektiefs hê rekruteer opkomende wêrelde soos julle s'n. Hulle glo vas dat hulle agenda deugsaam en vir die verbetering van julle wêreld is, want die mensdom word nie baie gerespekteer nie, en hoewel julle deugsaam in sekere maniere is, julle skulde ver swaarder weeg as julle potensiaal, van hulle perspektief. Ons hou nie hierdie perspektief nie of hulle sou nie in die posisie wees waarin ons is nie, en ons sou nie ons dienste as die Bondgenote van die Mensdom vir julle lewer nie.

Daarom is daar nou 'n groot moeilikheid in onderskeiding, 'n groot uitdaging. Die uitdaging is vir die mensdom te verstaan wie sy bongenote werklik is en in staat te wees om hulle van sy potensiale teenstanders te onderskei. Daar is geen neutrale partye in hierdie saak nie. Die wêreld is ver te waardevol, sy hulpbronne erkend as uniek en van groot waarde. Daar is geen neutrale partye wat in menslike sake betrokke is nie. Die ware natuur van die buiteaardse Ingryping is om invloed en beheersing te druk en uiteindelik om heerskappy hier te stig.

Ons is nie die besoekers nie. Ons is die waarnemers. Ons maak aanspraak tot geen regte in julle wêreld nie, en ons het geen agenda om onsself hier te stig nie. Vir hierdie rede, is ons name verborg, want ons soek nie verhoudings met julle buite ons vermoë om ons raad in hierdie manier te voorsien nie. Ons kan nie die uitkoms beheer nie. Ons kan julle net aanraai oor die keuse en besluite wat julle volk moet maak in lig van hierdie groter gebeure.

Die mensdom het groot belofte en het 'n ryke geestelike erfenis ontwikkel, maar dit is sonder onderwys betreffend die Groter Gemeenskap waarin dit opkomend is. Die mensdom is verdeeld en strydend in sigself, dus raak dit kwesbaar aan manipulering en indringing van buite julle grense. Julle volke is voorbeset met die besorgings van die dag, maar die werklikheid van môre word nie erkend nie. Watter gewin kan julle moontlik kry deur om die groter beweging van die wêreld te ignoreer en deur om aan te neem dat die Ingryping wat vandag gebeur vir julle voordeel is? Seker is daar nie een onder julle wat hierdie kon sê nie as julle net die werklikheid van die situasie gesien het.

In 'n manier, dit is 'n kwessie van perspektief. Ons kan sien en julle kan nie, want julle het nie die uitsigspunt nie. Julle sou buite julle wêreld moet wees, buite die sfeer van julle wêreld se invloed, om te sien wat ons sien. En tog, om te sien wat ons sien, moet ons verborg bly omdat as ons ontdek was, sou ons seker sterf. Want julle besoekers beskou hulle sending hier as van die grootste waarde, en hulle beskou die Aarde as hulle grootste prospek onder 'n weinige andere. Hulle sal nie stop weens ons nie. So dit is julle eie vryheid wat julle moet waardeer en wat julle moet beskerm. Ons kan nie hierdie vir julle doen nie.

Elke wêreld, as dit soek om sy eie eenheid, vryheid en self-bepaling te stig in die Groter Gemeenskap, moet hierdie vryheid stig en dit beskerm as dit noodsaaklik is. Andersins, sal oorheersing seker gebeur en sal volledig wees.

Waarom wil julle besoekers julle wêreld hê? Dit is so baie duidelik. Dit is nie julle waarin hulle besonder belang stel nie. Dit is die biologiese hulpbronne van julle wêreld. Dit is die strategiese posisie van hierdie sonnestelsel. Julle is nuttig vir hulle net vir sover hierdie dinge gewaardeer word en benut kan word. Hulle sal bied aan vir julle wat julle wil hê en hulle sal praat wat julle wil hoor. Hulle sal lokmiddels aanbied, en hulle sal julle godsdienste en julle godsdienstige ideale gebruik om vertroue te verkondig dat hulle, meer as julle, die behoeftes van julle wêreld verstaan en sal in staat wees om hierdie behoeftes te dien om 'n groter gelykmatigheid hier voort te bring. Omdat die mensdom lyk onbekwaam om eenheid en orde te stig, baie mense sal hulle verstande en hulle harte oopmaak aan diegene wat hulle glo 'n groter moontlikheid sal hê om so te doen.

In die tweede diskoers, ons het bietjie gepraat van die intertelingsprogram. Sommige mense het van hierdie gebeurtenis gehoor, en ons verstaan daar het sommige besprek oor hierdie gewees. Die Onsigbares het ons vertel dat daar 'n groeiende bewustheid is dat so 'n program bestaan, maar ongelooflik kan mense nie die duidelike implikasies sien nie, omdat hulle so oorgegee aan hulle voorkeure in die saak is en so sleg toegerus is om om te gaan met wat so 'n Ingryping kon beteken. Duidelik, is 'n intertelingsprogram 'n poging om die mensdom se aanpassing by die fisieke wêreld te ineensmelt met die besoekers se groep verstand en kollektiewe bewussyn. Sulke kroos sou in 'n perfekte posisie wees om 'n nuwe leierskap vir die mensdom te voorsien, 'n leierskap wat van die besoekers se voorneme en die besoekers se kampanje gebore is. Hierdie individue sou bloed verwantskappe in die wêreld hê, en so andere sou verwant aan hulle wees en aanvarend wees van hulle teenwoordigheid. En tog sou hulle verstande nie met julle wees nie, en ook nie hulle harte nie. En hoewel hulle mag meegevoelend voel vir julle in julle toestand en vir wat julle toestand mag wel blyk, hulle sou nie die individuele gesag hê, omdat hulle nie in Die Weg van Kennis en Insig hulleself geoefen is nie, om julle by te staan of die kollektiewe bewussyn teë te staan wat hulle hier opgelei het en lewe vir hulle gegee het.

Jy sien, individuele vryheid word nie gewaardeer deur die besoekers nie. Hulle beskou dit as roekeloos en onverantwoordelik. Hulle verstaan slegs hulle eie kollektiewe bewussyn, wat hulle sien as bevoorreg en geseënd. En tog kan hulle nie ware geestelikheid reik, wat Kennis genoem is in die heelal, want Kennis is gebore van 'n individu se self-ontdekking en word in bestaan gebring deur verhoudings van 'n hoë kaliber. Geen van hierdie twee verskynsels is teenwoordig in die besoekers se sosiale samestelling nie. Hulle kan nie vir hulleself dink nie. Hulle wil is nie hulle s'n alleenlik nie. En so natuurlik kan hulle nie waardeer die prospekte van hierdie twee groot verskynsels in julle wêreld te ontwikkel nie, en hulle is seker in geen posisie om sulke dinge te verkondig nie. Hulle soek slegs konformiteit en getrouheid. En die geestelike lerings wat hulle in die wêreld sal verkondig sal net dien om mense toegewend, oop en argeloos te maak ten einde om 'n vertroue te verkry wat nooit bedien was nie.

Ons het hierdie dinge tevore in ander plekke gesien. Ons het hele wêrelde sien geval onder beheersing van sulke kollektiefs. Daar is baie sulke kollektiefs in die heelal. Omdat sulke kollektiefs omgaan met interplanetêre handel en strek uit oor uitgestrekte streke, adhere hulle aan 'n streng konformiteit sonder afwyking. Daar is geen individualiteit onder hulle nie, ten minste nie in enige manier dat julle kon herken nie.

Ons is nie seker dat ons 'n voorbeeld kan gee in julle wêreld van hoe hierdie kon wees nie, maar ons het vertel geword daar kommersiele belangstellings is wat kulture oorspan in julle wêreld, wat enorme mag hou en tog wat deur net 'n weinige beheer word. Hierdie is dalk 'n goeie analogie vir wat ons beskryf. Hoewel, wat ons beskryf is soveel meer magtig, deurtrekkend en wel gestig as enigiets wat julle kon aanbied as 'n goeie voorbeeld in die wêreld.

Dit is waar van intelligente lewe orals dat vrees 'n verwoestige krag kan wees. Tog dien vrees een en slegs een doel as dit korrek waargeneem kan wees en daardie is om jou van die teenwoordigheid van gevaar in kennis te stel. Ons is besorg, en daardie is die natuur van ons vrees. Ons verstaan wat op risiko is. Die is die natuur van ons besorging. Julle vrees word gebore omdat julle weet nie wat gebeur nie, so dit is 'n verwoestige vrees. Dit is 'n vrees wat julle nie kan bemagtig nie of julle die perseptie gee wat julle nodig om te begryp wat in julle wêreld gebeur nie. As julle in kennis gestel kan word, dan word vrees in besorging getransformeer en besorging word in opbouende aksie getransformeer. Ons weet geen ander manier om hierdie te beskryf nie.

Die intertelingsprogram word baie suksesvol. Alreeds is daar diegene lopend op julle Aarde wat van die besoekers se bewussyn en kollektiewe onderneming gebore is. Hulle kan nie vir lank periode van tyd hier woon nie, maar in net 'n weinige jare, sal hulle in staat wees om permanent op die oppervlak van julle wêreld te woon. Sulke sal die perfeksie van hulle genetiese ingenieuring wees dat hulle sal net effens verskillend lyk as julle, meer in hulle manier en in hulle teenwoordigheid as in hulle fisieke voorkoms, tot so 'n punt dat hulle sal waarskynlik onopmerk en onherkend wees. Maar, hulle sal groter verstandelike fakulteite hê. En hierdie sal vir hulle 'n voordeel gee wat julle nie die gelyke van kon kry nie tensy julle in Die Maniere van Insig geoefen was.

Sulke is die groter werklikheid waarin die mensdom opkomend is – 'n heelal vol wondere en gruwele, 'n heelal van invloed, 'n heelal van mededinging, tog ook 'n heelal vol Genade, baie soos julle eie wêreld maar oneindig groter. Die Hemel wat julle soek is nie hier nie. Maar, die kragte waarmee julle moet worstel is hier. Hierdie is die grootste draaipunt dat julle ras ooit onder die oë sal sien. Elkeen van ons in ons groep het hierdie in ons eie betreklike wêrelde onder die oë gesien, en daar het baie mislukking gewees, met slegs 'n bietjie sukses. Rasse van wesens wat hulle vryheid en afsondering in stand kan hou moet sterk en verenigd word en sal waarskynlik onttrk van Groter Gemeenskap interaksies tot 'n baie groot mate ten einde om daardie vryheid te beseskerm.

As julle van hierdie dinge dink, sal jy dalk gevolgtrekkings in julle eie wêreld sien. Die Onsigbares het ons baie vertel betreffend julle geestelike ontwikkeling en sy groot belofte, maar hulle het ons ook aanraai dat julle geestelike predisposisie en ideale word baie manipuleer op hierdie tyd. Daar is hele lerings wat nou in die wêreld inlei word wat menslike toegeeflikheid en die opskorting van kritieke vermoëns leer en waardeer slegs daardie wat aangenaam en gerieflik is. Hierdie lerings word gegee om mense se vermoë onbekwaam te maak om Kennis binne hulleself te bereik totdat mense 'n punt bereik waar hulle voel heeltemal afhanklik op groter kragte wat hulle nie kan identifiseer nie. Op daardie punt, sal hulle volg wat ook al hulle gegee is om te doen, en selfs as hulle voel iets verkeerd is, hulle sal nie meer die mag hê om te weerstaan nie.

Die mensdom het vir 'n baie lank tyd in isolasie geleef. Dalk word dit geglo dat so 'n Ingryping nie moontlik kan gebeur nie en dat elke persoon eiendomsregte hê oor sy of haar eie bewussyn of verstand. Maar hierdie is slegs aanmatigings. Tog was ons vertel dat die Wyse in julle wêreld het geleer om hierdie aannames te oorkom en het die sterkte gekry om hulle eie Verstandelike Omgewing te stig.

Ons is bang dat ons woorde mag te laat wees en te min impak hê en dat die een ons gekose het om ons te ontvang te min bystand en ondersteuning hê om hierdie inligting beskikbaar te maak. Hy sal ongeloof en bespotting ontmoet, want mense sal nie hom glo nie, en waarvan hy praat sal teenspreek wat baie aanneem om waar te wees. Diegene wat onder buiteaardse oorreding geval het, hulle besonder sal hom teenstaan, want hulle hê geen keus in die saak nie.

In hierdie erg situasie het die Skepper van alle lewe 'n voorbereiding gestuur, 'n lering van geestelike vermoë en onderskeiding, mag en prestasie. Ons is studente van so 'n lering, soos baie dwarsdeur die heelal. Hierdie lering is 'n vorm van Goddelike ingryping. Dit behoort nie aan enige een wêreld nie. Dit is nie die eienskap van enige een ras nie. Dit word nie enige held of heldin gesentreer nie, enige een individu nie. So 'n voorbereiding is nou beskikbaar. Dit sal benodig wees. Van ons perspektief, is dit die enigste ding vandag wat die mensdom 'n geleentheid kan gee om wys en onderskeidend te word betreffend julle nuwe lewe in die Groter Gemeenskap.

Soos het gebeur in julle wêreld en in julle eie geskiedenis het gebeur, die eerste om die nuwe lande te bereik is die ondersoekers en die oorwinnare. Hulle kom nie vir altruïstiese redes nie. Hulle kom soekend mag, hulpbronne en heerskappy. Hierdie is die natuur van die lewe. As die mensdom gewoond was in Groter Gemeenskap sake, sou julle enige besoeking van julle wêreld weerstaan tensy 'n onderling ooreenkoms voorheen gestig geword was. Julle sou genoeg weet om nie julle wêreld so kwesbaar te laat wees nie.

Op hierdie tyd, daar is meer as een kollektief wat ding mee vir voordeel hier. Die plaas die mensdom in die sentrum van 'n baie ongewone en tog inligtende stel omstandighede. Die is waarom die boodskappe van die besoekers dikwels teenstrydig sal lyk. Daar het konflik onder hulle gewees, tog sal hulle met mekaar onderhandel as onderling voordeel erken is. Hoewel is hulle nog in mededinging. Vir hulle, is hierdie die landsgrens. Vir hulle, word julle net as nuttig gewaardeer. As julle nie meer as nuttig erken word nie, sal julle net weggegooi word.

Hier is daar 'n groot uitdaging vir die mense van julle wêreld en besonder vir diegene wat in posisies van mag en verantwoordelikheid is om die verskil tussen 'n geestelike teenwoordigheid en 'n besoeking vanuit die Groter Gemeenskap te herken. Tog hoe kan julle die fraamwerk hê om hierdie distinksie te maak? Waar kan julle sulke dinge leer? Wie in julle wêreld is in die posisie om iets oor die werklikheid van die Groter Gemeenskap aan andere te leer? Slegs 'n lering van buite die wêreld af kan julle voorberei vir lewe buite die wêreld, en nou is lewe buite die wêreld in julle wêreld, soekend om sigself hier te stig, soekend om sy invloed te uitstrek, soekend om die verstande en harte en siele van mense orals te wen. Dit is so eenvoudig. En tog so verwoestig.

Daarom is ons taak in hierdie boodskappe om 'n groot waarskuwing te bring, maar die waarskuwing is nie genoeg nie.

Daar moet 'n erkenning wees onder julle volk. Ten minste onder genoeg mense hier, daar moet 'n begrip wees van die werklikheid wat julle nou voor julle sien. Hierdie is die grootste gebeurtenis in die menslike geskiedenis – die grootste bedreiging aan menslike vryheid en die grootste geleentheid vir menslike eenheid en samewerking. Ons erken hierdie groot voordele en moontlikhede, maar met elke dag wat verbygaan hulle belofte vervaag – as meer en meer mense gevang word en hulle bewussyn herontwikkel en herkonstitueer word, as meer en meer mense leer van die geestelike lerings wat deur die besoekers verkondig word en as meer en meer mense word meer toegewend en minder in staat om te onderskei.

Ons het hiernatoe gekom per die aanvra van die Onsigbares om as waarnemers in hierdie vermoë te dien. As ons suksesvol is, sal ons in die nabyheid van julle wêreld bly slegs lank genoeg om te aanhou om julle hierdie inligting te gee. Buite daardie, sal ons na ons eie tuistes terugkeer. As ons feil en as die gety teen die mensdom draai en as die groot donkerheid oor die wêreld kom, die donkerheid van oorheersing, dan sal ons moet vertrek, ons sending onvervuld. In albei gevalle, ons kan nie met julle bly nie, hoewel as julle belofte wys sal ons bly totdat julle beskerm is, totdat julle vir julleself kan voorsien. Ingesluit in hierdie is die vereiste dat julle self-genoegsaam wees. As julle standig word op handel met ander rasse, skep hierdie 'n baie groot risiko van manipulering van buite af, want die mensdom is nog nie sterk genoeg om die mag in die Verstandelike Omgewing te weerstaan wat hier uitgedruk kan word en word nou hier uitgedruk.

Die besoekers sal probeer om die indrukking te skep dat hulle "die bondgenote van die mensdom" is. Hulle sal sê hulle is hier om die mensdom van sigself te red, dat slegs hulle kan die groot hoop lewer wat die mensdom nie vir sigself kan lewer nie, dat slegs hulle kan ware orde en ooreenstemming in die wêreld stig. Maar hierdie orde en ooreenstemming sal hulle s'n wees, nie julle s'n nie. En die vryheid wat hulle belofte sal nie julle s'n wees om te geniet nie.

Manipulasie van Godsdienstige Tradisies en Oortuigings

Ten einde om die besoekers se bedrywighede in die wêreld vandag te verstaan, moet ons meer inligting voorsien betreffend hulle invloed op wêreld godsdienstige instellings en waardes en op die fondamentele geestelike impulse wat so gemeen vir julle natuur is en wat, in baie maniere, gemeen is vir intelligente lewe in baie dele van die Groter Gemeenskap.

Ons behoort om te begin deur om te sê dat die bedrywighede wat die besoekers op hierdie tyd in die wêreld bestuur het baie keer tevore aangedra geword in baie verskillende plekke met baie verskillende kulture in die Groter Gemeenskap. Julle besoekers is nie die veroorsakers van hierdie bedrywighede nie maar net gebruik hulle op hulle eie diskresie tot die mate wat hulle daarvan bewus is en hulle tevore gebruik het.

Dit is belangrik vir julle om te verstaan dat vaardighede in invloed en manipulasie het tot 'n baie hoë mate van funksioneelheid ontwikkeld geword in die Groter Gemeenskap. As rasse word meer geoefen en bekwaam tegnologies, hulle uitoefen meer subtiele en meer deurdringende soorte invloed op mekaar. Mense het dusver net ge-evolueer om met mekaar te ding, so julle het nog nie hierdie aanpassingsvoordeel nie. Hierdie in sigself is een van die redes ons hierdie materiaal vir julle opvoer. Julle gaan 'n hele nuwe stel omstandighede in wat die ontwikkeling van julle aangebore vermoëns verg sowel as die leer van nuwe vaardighede.

Hoewel die mensdom 'n unieke situasie verteenwoordig, opkoming in die Groter Gemeenskap het ontelbaar keer tevore met ander rasse gebeur. Daarom, wat nou op julle bedrywe word het tevore gedoen geword. Dit het baie ontwikkeld geword en nou word dit aangepas by julle lewe en by julle situasie met wat ons voel relatiewe maklikheid is.

Dit is deels die Pasifikasie Program wat deur die besoekers uitvoer word wat hierdie moontlik maak. Die natuurlike geneigdheid na vreedsame verhoudings en die wens om oorlog en konflik te vermy is bewonderenswaardig, maar kan en inderdaad word nou teen julle gebruik. Selfs julle edelste impulse kan vir ander doelwitte gebruik word. Julle het hierdie in julle eie geskiedenis gesien, in julle eie natuur en in julle eie samelewings. Vrede kan net op 'n vas fondasie van wysheid, samewerking en ware vermoë gestig word.

Die mensdom het natuurlik besorg gewees om vreedsame verhoudings onder sy eie volkstamme en nasies te stig. Nou, hoewel, hê dit 'n groter stel probleme en uitdagings. Ons beskou hierdie as geleenthede vir julle ontwikkeling, want dit sal slegs die uitdaging van verskyning in die Groter Gemeenskap wees wat die wêreld sal verenig en julle die fondasie gee vir hierdie eenheid onvervals, sterk en doeltreffend te wees.

Daarom, ons kom nie om julle godsdienstige instellings of julle mees fondamentele impulse en waardes te kritiseer nie, maar om te illustreer hoe hulle word teen julle gebruik deur die buiteaardse rasse wat in julle wêreld ingryp. En, as dit binne ons mag is, ons wens om die regte gebruik van julle gawes en julle bereikings aan te moedig vir die bewaring van julle wêreld, julle vryheid en julle integriteit as 'n ras in 'n Groter Gemeenskap konteks.

Die besoekers is fondamenteel werkdadig in hulle benaderingswyse. Hierdie is beide 'n sterkte en 'n swakheid. As ons hulle waargeneem het, beide hier en in ander plekke, ons sien dat dit moeilik is vir hulle om van hulle planne te afwyk. Hulle is nie wel aangepas by verandering nie, en ewemin kan hulle baie doeltreffend met ingewikkeldheid om te gaan. Daarom uitvoer hulle hulle plan in 'n amper sorgelose manier, want hulle voel hulle in die reg is en dat hulle die voordeel hê. Hulle glo nie dat die mensdom sal weerstand teen hulle optrek – ten minste nie weerstand wat hulle grootliks sal raak nie. En hulle voel dat hulle geheime en hulle agenda wel bewaar is en buite mense se begrip is.

In hierdie lig, ons bedrywigheid om hierdie materiaal vir julle op te voer maak ons hulle vyande, seker in hulle sig. In ons sig, hoewel, ons probeer net om hulle invloed teë te werk en julle die begrip te gee wat julle nodig en die perspektief waarop julle moet staatmaak om julle vryheid as 'n ras te bewaar en met die werklikhede van die Groter Gemeenskap om te gaan.

Weens die werkdadige natuur van hulle benaderingswyse, hulle wens om hulle doelwitte met die grootste doeltreffendheid moontlik te bereik. Hulle wens om die mensdom te verenig maar net in ooreenstemming met hulle eie deelneming en bedrywighede in die wêreld. Vir hulle, menslike eenheid is 'n werkdadige besorging. Hulle waardeer nie diversiteit in kulture nie; hulle seker waardeer dit nie hulle eie kulture nie. Daarom sal hulle probeer om dit te uitroei of dit te verminder, as dit moontlik is, waar ook al hulle hulle invloed uitoefen.

In ons vorige diskoers, ons het gepraat oor die besoekers se invloed op nuwe vorme van geestelikheid – op nuwe idees en nuwe uitdrukkings van menslike goddelikheid en die menslike natuur wat op hierdie tyd in julle wêreld is. In ons bespreking nou, ons wens om to fokus op die tradisionele waardes en instellings wat julle besoekers soek om te beïnvloed en vandag beïnvloed.

Soekend eenvormigheid en konformiteit, die besoekers sal staatmaak op die instellings en die waardes hulle voel die mees vastig en mees doeltreffend vir hulle gebruik is. Hulle stel nie belang is julle idees nie, en hulle stel nie belang in julle waardes nie, behalwe insover as hierdie dinge hulle agenda kan bevorder. Moenie jouself bedrieg om te dink dat hulle getrek is na julle geestelikheid omdat hulle ontbreek hierdie hulself nie. Hierdie sou 'n dwase en dalk fatale dwaling wees. Moenie dink hulle verlief is met jou lewe en met die dinge wat jy as interessant vind nie. Want slegs in ongewone gevalle sal jy in staat wees om hulle in hierdie manier te beïnvloed. Alle natuurlike nuuskierigheid het uit hulle geteel geword en baie min bly oor. Daar is, feitlik, baie min van wat julle "Gees" sou noem of wat ons "Varne" of "Die Pad van Insig" sou noem. Hulle is beheer en beheersend en volg patrone van denkery en opdrag wat vas gestig en streng versterk is. Hulle mag lyk om met julle idees te empatiseer, maar dit is slegs om julle getrouheid te kry.

In tradisionele godsdienstige instellings in julle wêreld, hulle soek om die waardes en die fondamentele oortuigings te gebruik wat in die toekoms kan dien om julle in getrouheid aan hulle te bring. Laat ons gee vir julle 'n paar voorbeelde, gebore albei van ons eie waarnemings en van die insig wat die Onsigbares oor tyd vir ons gegee het.

Baie van julle wêreld volg die Christelike geloof. Ons dink hierdie is bewonderenbaar hoewel dit is seker nie die enigste benaderingswyse aan die fondamentele vrae van geestelike identiteit en bedoeling in die lewe nie. Die besoekers sal die fondamentele idee van getrouheid aan 'n enkele leier gebruik ten einde om getrouheid aan hulle saak te genereer. Binne die konteks van hierdie godsdiens, die identifikasie met Jesus die Christus sal grootliks benut word. Die hoop en die belofte van sy terugkoms aan die wêreld bied aan vir julle besoekers 'n perfekte geleentheid, veral op hierdie draaipunt in die millennium.

Dit is ons begrip dat die ware Jesus sal nie by die wêreld terugkeer nie, want hy werk gesamentlik met die Onsigbares en dien die mensdom en ander rasse ook. Die een wat sal kom en aanspraak maak op sy naam sal kom vanuit die Groter Gemeenskap. Hy sal een wees wat gebore en geteel vir hierdie

doel is deur die kollektiefs van vandag in die wêreld is. Hy
sal soos 'n mens lyk en sal beduidende vermoëns hê vergeleke
met wat julle op hierdie oomblik kan bereik. Hy sal heeltemal
altruïsties lyk. Hy sal in staat wees om dade te vertoon wat óf
vrees of groot eerbied sal veroorsaak. Hy sal in staat wees om
beelde van engele, demone of wat ook al sy meerderes wens om
julle bloot te stel aan, te uitsteek. Hy sal lyk asof hy geestelike
vermoëns hê. Tog sal hy vanuit die Groter Gemeenskap kom,
en hy sal deel van die kollektief wees. En hy sal verkondig
getrouheid om hom te volg. Uiteindelik, vir diegene wat hom
nie kan volg nie, sal hy hulle vervreemding of hulle vernietiging
aanmoedig.

Die besoekers gee nie om hoeveel van julle mense vernietig
word solank as hulle 'n primêre getrouheid onder die
meerderheid hê. Daarom sal die besoekers fokus op die
fondamentele idees wat hierdie gesag en invloed vir hulle gee.

'n Tweede Koms, dan, word deur julle besoekers voorberei.
Die bewys van hierdie, ons verstaan, is alreeds in die wêreld.
Mense besef nie die teenwoordigheid van die besoekers of die
natuur van werklikheid in die Groter Gemeenskap nie, en so
hulle sal natuurlik aanvaar hulle vorige oortuigings sonder vraag,
voelend dat die tyd het gekom vir die groot terugkoms van hulle
Redder en hulle Leermeester. Maar hy wat sal kom sal nie vanuit
die hemelse leërskaar kom nie, hy sal nie Kennis of die
Onsigbares verteenwoordig nie, en hy sal nie die Skepper of
die Skepper se wil verteenwoordig nie. Ons het hierdie plan in
formulasie in die wêreld gesien. Ons het ook gelyke planne in
ander wêrelde gesien uitgevoer.

In ander godsdienstige tradisies, eenvormigheid sal deur die besoekers aanmoedig word – wat julle mag noem 'n fondamentele soort godsdiens wat op die verlede gebaseerd is, gebaseerd op getrouheid aan gesag en gebaseerd op konformiteit aan die instelling. Hierdie dien die besoekers. Hulle stel nie belang in die ideologie en waardes van julle godsdienstige tradisies nie, slegs in hulle nuttigheid. Die meer dat mense gelyk kan dink, gelyk kan doen en in voorspelbare maniere beantwoord, die meer nuttig is hulle vir die kollektiefs. Hierdie konformiteit word in baie verskillende tradisies verkondig. Die voorneme hier is nie om hulle almal dieselfde te maak nie maar om hulle eenvoudig binne in hulleself te wees.

In een deel van die wêreld, een spesifieke godsdienstige ideologie sal heers; in 'n verskillende deel van die wêreld, 'n verskillende godsdienstige ideologie sal heers. Hierdie is heeltemal nuttig vir julle besoekers, want hulle gee nie om of daar meer as een godsdiens is solank as daar orde, konformiteit en getrouheid is. Omdat hulle geen godsdiens van hulle eie hê wat julle moontlik kan volg of daarmee identifiseer, hulle sal julle s'n gebruik om hulle eie waardes te verkondig. Want hulle waardeer slegs totale getrouheid aan hulle saak en aan die kollektiefs en soek julle totale getrouheid om met hulle deel te neem in maniere wat hulle voorskrywe. Hulle sal julle verseker dat hierdie sal vrede en verlossing in die wêreld skep en die terugkoms van watter godsdienstige beeld of persoon ook al word van die grootste waarde hier beskou.

Hierdie is nie om te sê dat fondamentele godsdiens deur uitheemse kragte regeer word, want ons verstaan dat fondamentele godsdiens is wel gestig in julle wêreld. Wat ons sê hier is dat die impulse hiervoor en die meganisme hiervoor sal deur die besoekers ondersteun word en vir hulle eie doelwitte gebruik word. Daarom moet groot besorging gegee word deur almal wat ware gelowiges in hulle tradisies is om hierdie invloede te onderskei en hulle teë te werk as dit moontlik is. Hier is dit nie die gewone persoon in die wêreld wat die besoekers soek om te oortuig nie; dit is die leierskap.

Die besoekers glo vas dat as hulle nie in 'n betydse manier ingryp, die mensdom sal sigself en die wêreld vernietig. Hierdie is nie op waarheid gebaseerd nie; dit is net 'n aanneming. Hoewel die mensdom op risiko van self-uitwissing is, hierdie is nie noodsaaklik julle bestemming nie. Maar die kollektiefs glo dat hierdie so is, en so moet hulle met gehaastheid optree en gee hulle programme van oorreding groot beklemtoning. Diegene wat oorgetuig kan wees sal as nuttig geskat word; diegene wat nie oorgetuig kan wees nie sal weggegooi en vervreemd word. As die besoekers sterk genoeg word om volle beheersing van die wêreld te kry, diegene wat nie kan konformeer nie sal net uitgewis word. Tog sal die besoekers nie die vernietiging doen nie. Dit sal deur dieselfde individue in die wêreld wat heeltemal onder hulle oorreding geval het, gesmee word.

Hierdie is 'n vreeslike scenario, ons verstaan, maar daar moet geen deurmekaarheid wees nie as julle sal verstaan en ontvang wat ons in ons boodskappe vir julle uitdruk. Dit is nie die uitwissing van die mensdom, dit is die integrasie van die mensdom wat die besoekers soek om te bereik. Hulle sal vir hierdie doelwit met julle kruisteel. Hulle sal probeer om julle godsdienstige impulse en instellings vir hierdie doelwit te herrig. Hulle sal regerings en regeringsleiers vir hierdie doelwit beïnvloed. Hulle sal militêre magte in die wêreld vir hierdie doelwit beïnvloed. Die besoekers is seker dat hulle suksesvol kan wees, want sover sien hulle dat die mensdom het nie genoeg weerstand opstel om hulle maatreëls teë te werk of hulle agenda teë te werk nie.

Om hierdie teë te werk, julle moet Die Groter Gemeenskap Pad van Kennis leer. Enige vrye ras in die heelal moet Die Pad van Kennis leer, hoe ook al dit in hul eie kulture omskrywe mag wees. Hierdie is die bron van individuele vryheid. Hierdie is wat mense en samelewings in staat stel om ware integriteit te hê en die noodsaaklike wysheid te hê om met die invloede wat Kennis teenwerk om te gaan, albei in hul wêrelde en in die Groter Gemeenskap. Dit is, daarom, noodsaaklik om nuwe maniere te leer, want gaan 'n nuwe situasie in met nuwe kragte en nuwe invloede. Inderdaad, hierdie is nie sommige toekomstige prospek nie maar 'n onmiddelike verandering. Lewe in die heelal wag nie op julle gereedheid nie. Gebeure sal gebeur as julle bereid is of nie. Besoeking het gebeur sonder julle ooreenstemming en sonder julle toestemming. En julle fondamentele regte word oorgetree tot 'n ver groter mate as julle nog besef.

Weens hierdie, het ons gestuur geword nie net om ons perspektief en ons aanmoediging te gee maar ook om 'n roeping te laat klink, 'n alarm, om 'n bewustheid en 'n toewyding te inspireer. Ons het tevore gesê dat ons kan nie julle ras deur militêre ingryping red nie. Die is nie ons rol nie. En selfs as ons probeer om so te doen en die sterkte verkry om so 'n agenda te uitvoer, julle wêreld sou verwoes word. Ons kan slegs aanraai.

Julle sal sien in die toekoms 'n wreedheid van godsdienstige geloof uitgedruk in geweldige maniere, uitgevoer teen mense wat nie ooreenstem nie, teen nasies van minder sterkte en gebruik as 'n wapen van aanvalling en vernietiging. Die besoekers sou niks beter wil hê as vir julle godsdienstige tradisies die nasies te regeer. Hierdie julle moet weerstaan. Die besoekers sou niks beter wil hê as godsdienstige waardes deur elkeiemand meegedeel te wees, want hierdie dra by tot hulle arbeidskrag en maak hulle taak makliker. In al sy tonings, sulke invloed fondamenteel reduseer tot toegewing en onderwerping – onderwerping van wil, onderwerping van bedoeling, onderwerping van 'n mens se lewe en vermoëns. Tog sal hierdie as 'n groot prestasie vir die mensdom ingelui wees, 'n groot bevordering in die samelewing, 'n nuwe vereniging vir die menseras, 'n nuwe hoop vir vrede en gelykmatigheid, 'n triomf van die mensegees oor menslike instinkte.

Daarom, ons kom met ons raad en moedig jou aan om terug te hou van onwyse besluite om te maak, om jou lewe oor te gee aan dinge wat jy nie verstaan nie en jou onderskeiding en jou diskresie toe te gee vanweë enige beloofde beloning. En ons moet jou aanmoedig nie om Kennis binne jouself, die geestelike intelligensie waarmee jy gebore was en wat nou jou enigste en grootste belofte hou, te veraai nie.

Dalk as jy hierdie hoor sal jy die heelal sien as 'n plek leeg van Genade. Dalk sal jy sinies en bang word, dinkend dat gierigheid universeel is. Maar hierdie is nie die geval nie. Wat nou benodig is, is dat julle sterk word, sterker as julle is, sterker as julle het gewees. Moenie kommunikasies van diegene ingrypend in julle wêreld welkom nie totdat julle hierdie sterkte hê. Moenie julle verstande en harte oopmaak aan besoekers van buite die wêreld nie, want hulle het hiernatoe vir hulle eie doelwitte gekom. Moenie dink dat hulle sal julle godsdienstige voorspellings of grootste ideale vervul nie, want hierdie is 'n sinsbedrog.

Daar is groot geestelike kragte in die Groter Gemeenskap – individue en selfs nasies wat baie hoë state van bereiking bereik het, ver buite wat die mensdom sover betoon het. Maar hulle kom nie om beheersing van ander wêrelde te neem nie. Hulle verteenwoordig nie politieke en ekonomiese kragte in die heelal nie. Hulle is nie betrokke in koophandel nie buite om hulle eie fondamentele behoeftes te vervul. Hulle reis seldsaam, behalwe in situasies van noodgeval.

Sendelings word gestuur om diegene wat in die Groter Gemeenskap verskyn te help, sendelings soos onsself. En daar is geestelike sendelings ook – die mag van die Onsigbares, wat kan spreek aan diegene wat gereed is om te ontvang en wat goeie hart en goeie belofte wys. Hierdie is hoe God werk in die heelal.

Julle gaan 'n moeilike nuwe omgewing in. Julle wêreld is baie waardevol vir andere. Julle sal dit moet beskerm. Julle sal julle hulpbronne moet bewaar sodat julle verg nie of staatmaak nie op handel met ander nasies vir die fondamentele noodsaaklikhede van julle lewe nie. As julle bewaar nie julle hulpbronne nie, sal julle baie van julle vryheid en self-genoegsaamheid moet opgee.

Julle geestelikheid moet gesond wees. Dit moet op ware ervaring gebaseerd wees, want waardes en oortuigings, rituale en tradisies kan gebruik word en word gebruik deur julle besoekers vir hulle eie doelwit.

Hier kan julle begin om te sien dat julle besoekers baie kwesbaar is in sekere gebiede. Laat ons nou hierdie verder ondersoek. Individueel, hulle het baie min wil en hê moeilikheid om met ingewikkeldhede om te gaan. Hulle verstaan nie julle geestelike natuur nie. En hulle baie seker verstaan nie die impulse van Kennis nie. Die sterker jy is met Kennis, die meer onverklaarbaar word jy, die moeiliker is jy om te beheer en die minder nuttig word jy vir hulle en vir hulle program van integrasie. Individueel, die sterker jy is met Kennis, die groter uitdaging word jy vir hulle. Die meer individue wat sterk met Kennis word, die meer moeilik is dit vir die besoekers om hulle te isoleer.

Die besoekers het nie fisieke sterkte nie. Hulle mag is in die Gedagte Omgewing en in die gebruik van hulle tegnologië. Hulle getalle is klein vergeleke met julle s'n. Hulle is heeltemal afhanklik op julle toegewing, en hulle is oorseker dat hulle sukses kan hê. Op die basis van hulle ervaring sover, die mensdom het nie beduidende weerstand aanbied nie. Tog die sterker is jy met Kennis, die meer word jy 'n krag wat ingryping en manipulasie teenstaan en die meer word jy 'n krag vir vryheid en integriteit vir jou ras.

Hoewel dalk nie baie sal in staat wees om ons boodskap te hoor nie, jou antwoord is belangrik. Dalk is dit maklik om ons teenwoordigheid en ons werklikheid nie te glo nie en teen ons boodskap te reageer, tog praat ons in ooreenkoms met Kennis.

Daarom kan wat ons sê binne jou geweet word, as jy vry is om dit te weet.

Ons verstaan dat ons baie oortuigings en konvensies uitdaag in ons opvoering. Selfs ons verskyning hier sal onverklaarbaar lyk en sal deur baie verwerp wees. Tog kan ons woorde en ons boodskap met julle resoneer omdat ons met Kennis praat. Die mag van waarheid is die grootste mag in die heelal. Dit het die mag om vry te maak. Dit het die mag om te inlig. En dit het die mag om sterkte en vertroue te gee vir diegene wat dit nodig.

Ons word vertel dat die menslike gewete baie gewaardeer is hoewel dalk seldsaam beoefen is. Dit is hierdie waarvan ons praat wanneer ons praat oor Die Pad van Kennis. Dit is fondamenteel vir al julle ware geestelike impulse. Dit is alreeds in julle godsdienste bevat. Dit is nie nuut vir julle nie. Maar dit moet gewaardeer wees, of ons inspannings en die inspannings van die Onsigbares om die mensdom voor te berei vir die Groter Gemeenskap sal nie suksesvol wees nie. Te weinige sal reageer. En die waarheid sal 'n las vir hulle wees, want hulle sal nie in staat wees om dit doeltreffend te deel nie.

Daarom, ons kom nie om julle godsdienstige instellings of konvensies te kritiseer nie, maar slegs om te illustreer hoe hulle teen julle gebruik kan word. Ons is nie hier om hulle te vervang of om hulle te ontken nie, maar om te wys hoe ware integriteit moet hierdie instellings en konvensies deurdring ten einde vir hulle om julle in 'n onvervalsde manier te dien.

In die Groter Gemeenskap, geestelikheid word beliggaam in wat ons noem Kennis, Kennis betekenend die intelligensie van Gees en die beweging van Gees binne in jou. Hierdie bemagtig jou om te weet eerder as net om te glo. Hierdie gee jou onvatbaarheid van oorreding en manipulering, want Kennis kan nie deur enige wêreldlike mag of krag gemanipuleer word nie. Hierdie gee lewe vir julle godsdienste en hoop vir julle bestemming.

Ons hou vas by hierdie idees, want hulle is fondamenteel. Hulle ontbreek in die kollektiefs, hoewel, en as jy die kollektiefs, of selfs hulle teenwoordigheid ontmoet, en die mag hê om jou eie verstand in stand te hou, sal jy hierdie vir jouself sien.

Ons word vertel dat daar baie mense in die wêreld is wat wens om hulself te oorgee, om hulself weg te gee aan 'n groter mag in die lewe. Hierdie is nie uniek vir die wêreld van die mensdom nie, maar in die Groter Gemeenskap so 'n benaderingswyse lei tot verslawing. Ons verstaan dat in julle eie wêreld, voordat die besoekers hier in sulke getalle was, het so 'n benaderingswyse dikwels tot verslawing gelei. Maar in die Groter Gemeenskap, julle is meer kwesbaar en moet wyser, meer geduldig en meer self-genoegsaam wees. Roekeloosheid hier bring saam daarmee 'n swaar prys en groot ongeluk.

As jy Kennis kan beantwoord en 'n Groter Gemeenskap Pad van Kennis leer, sal jy in staat wees om hierdie dinge vir jouself te sien. Dan sal jy ons woorde bevestig eerder as hulle net te glo of ontken. Die Skepper maak hierdie moontlik, want die Skepper wil dat die mensdom voorberei vir sy toekoms. Die is waarom ons gekom het. Die is waarom ons wag en nou die geleentheid hê om wat ons sien te rapporteer.

Die godsdienstige tradisies van die verlede plaas julle in goeie lig in hulle wesenlike lerings. Ons het die geleentheid gehad om oor hulle te leer van die Onsigbares. Maar hulle verteenwoordig ook 'n potensiale swakheid. As die mensdom meer waaksaam was en het die werklikhede van lewe in die Groter Gemeenskap en die betekenis van voortydige besoeking verstaan, sou die risikos nie so groot wees as hulle vandag is nie. Daar is hoop en verwagting dat sulke besoeking sal groot belonings bring en sal 'n vervulling vir julle wees. Tog het julle nie in staat gewees nie om van die werklikheid van die Groter Gemeenskap te leer nie of van die magtige kragte wat met julle wêreld inmekaarwerk nie. Julle gebrek van begrip en voortydige vertroue in die besoekers dien julle nie.

Dit is vir hierdie rede dat die Wyse dwarsdeur die Groter Gemeenskap verborg bly. Hulle soek nie koophandel in die Groter Gemeenskap nie. Hulle soek nie om deel van gildes of handelskoöperatiefs te wees nie. Hulle soek nie diplomasie met baie wêrelde nie. hulle netwerk van getrouheid is meer geheimenisvol, meer geestelik in sy natuur. Hulle verstaan die risikos en die moeilikhede van blootstel aan die werklikhede van lewe in die fisieke heelal. Hulle hou hulle afsondering in stand, en hulle bly waaksaam by hulle grense. Hulle soek net om hulle wysheid te uitstrek deur middels wat minder fisieke in hulle natuur is.

In julle eie wêreld, jy kan hierdie sien uitgedruk in diegene wat die wyste is, die begaafste, wat soek nie persoonlike voordeel deur kommersiele lane nie en wat nie geneigd is aan oorwinning en manipulering nie. Julle eie wêreld vertel soveel vir julle. Julle eie geskiedenis vertel soveel vir julle en illustreer, hoewel op 'n klein skaal, alles wat ons vir julle hier verteenwoordig.

Dus, is dit ons voorneme nie slegs om julle te waarsku van die gewigtigheid van julle situasie nie maar om julle te voorsien, as ons kan, 'n groter perspektief en begrip van die lewe, wat julle sal nodig. En ons vertrou dat daar sal genoeg wees wat hierdie woorde kan hoor en die grootheid van Kennis kan beantwoord. Ons hoop daar sal diegene wees wat kan erken dat ons boodskappe nie hier is om vrees en paniek te oproep nie maar om verantwoordelikheid en 'n toewyding aan die bewaring van vryheid en goed in julle wêreld te bevorder.

As die mensdom sou misluk om die Ingryping teë te staan, kan ons 'n prent verf van wat hierdie sou beteken. Ons het dit in ander plekke gesien, want elkeen van ons het baie naby gekom, in ons eie wêrelde. As deel van 'n kollektief, die planeet Aarde sal vir sy hulpbronne ontgin word, sy mense sal in die kraal gejaag word om te werk en sy rebele en ketteres sal óf vervreemd of vernietig word. Die wêreld sal vir sy landbou en sy mynbou belangstellings bewaar wees. En as die wêreld sy nuttigheid sou uitput, as sy hulpbronne heeltemal geneem sou wees, dan sal julle verlaat word, berowe. Die ondersteunende lewe op julle wêreld sal heeltemal geneem van julle wees; dieselfde middels van oorlewing sal gesteel wees. Hierdie het tevore in baie ander plekke gebeur.

In die geval van hierdie wêreld, die kollektiefs mag kies om die wêreld te bewaar vir voortgaande gebruik as 'n strategiese pos en as 'n biologiese pakhuis. Tog sou die mensebevolking vreeslik ly onder so 'n verdrukkende regeer. Die bevolking van die mensdom sou verminder word. Die bestuur van die mensdom sou gegee word aan diegene wat geteel is om die menseras binne 'n nuwe orde te lei. Menslike vryheid as julle dit weet sou nie meer bestaan nie, en julle sou ly onder die gewig van vreemde regeer, 'n regeer wat streng en veeleisend sou wees.

Daar is baie kollektiefs in die Groter Gemeenskap. Sommige van hulle is groot; sommige van hulle is klein. Sommige van hulle is meer eties in hulle taktiek; baie is nie. Tot die mate wat hulle mee mekaar vir geleenthede ding, soos die regeer van julle wêreld, gevaarlike bedrywighede kan bedrywe word. Ons moet hierdie illustrering gee sodat julle sal geen twyfel hê nie oor wat ons sê. Die keuse voor julle is baie beperk, maar baie fondamenteel.

Daarom, verstaan dat van julle besoekers se perspektief, julle is almal volkstamme wat bestuur en beheer moet wees ten einde om die besoekers se belangstellings te dien. Vir hierdie julle godsdienste en 'n sekere mate van julle sosiale werklikheid sal bewaar wees. Maar julle sal baie verloor. En baie sal verlore word voordat julle besef wat weg van julle geneem is. Daarom kan ons net 'n waaksaamheid, 'n verantwoordelikheid en 'n verpligting om te leer aanbeveel – om te leer oor lewe in die Groter Gemeenskap, te leer hoe om julle eie kultuur en julle eie werklikheid te bewaar binne 'n groter omgewing en te leer hoe om te sien wie is hier om julle te dien en hulle te onderskei van diegene wat nie is nie. Hierdie groter onderskeiding is so benodig in die wêreld, selfs vir die oplossing van julle eie moeilikhede. Maar betreffend julle oorlewing en welstand in die Groter Gemeenskap, dit is heeltemal fondamenteel.

Daarom, ons ons moedig julle aan. Ons het meer om te deel met julle.

Draaipunt: 'n Nuwe Belofte vir die Mensdom

Ten einde om voor te berei vir die buiteaardse teenwoordigheid wat in die wêreld is, dit is noodsaaklik om meer te leer oor lewe in die Groter Gemeenskap, lewe wat in die toekoms julle wêreld sal omvou, lewe wat julle deel daarvan sal wees.

Die mensdom se bestemming was altyd om in 'n Groter Gemeenskap van intelligente lewe op te kom. Hierdie is onontkombaar en gebeur in alle wêrelde waar intelligente lewe gesaai is en ontwikkel het. Uiteindelik, sou julle kom om te besef dat julle in 'n Groter Gemeenskap leef. En, uiteindelik, sou julle vind dat julle nie alleen in julle eie wêreld was nie, dat besoeking gebeur en dat julle sou moet leer om te worstel met uiteenlopende rasse, kragte, oortuigings en houdings wat algemeen is in die Groter Gemeenskap waarin julle leef.

Om in die Groter Gemeenskap op te kom is julle bestemming. Nou is julle isolasie klaar. Hoewel julle wêreld baie keer in die verlede besoek was, julle geïsoleerde staat het tot 'n einde gekom. Nou is dit noodsaaklik vir julle om te besef dat julle nie meer alleen is nie – in die heelal of selfs in julle eie wêreld. Hierdie begrip word meer volledig voorgestel in die Lering in Groter Gemeenskap Geestelikheid wat vandag in die wêreld voorgestel word. Ons rol hier is om lewe soos dit bestaan in die Groter Gemeenskap te beskryf sodat julle 'n dieper begrip mag hê van die groter panorama van lewe waarin julle opkomend is. Hierdie is noodsaaklik ten einde vir julle in staat te wees om hierdie nuwe werklikheid met groter objektiwiteit, begrip en wysheid te benader. Die mensdom het vir so lank in relatiewe isolasie geleef dat dit natuurlik is vir julle om te beskou dat die res van die heelal fungeer volgens die idees, beginsels en wetenskap wat julle as geheiligde hou en waarop julle baseer julle bedrywighede en julle waarnemings van die wêreld.

Die Groter Gemeenskap is uitgestrek. Sy verste strekte het nooit ondersoek geword nie. Dit is groter as enige ras kan begryp. Binne hierdie manjifieke skepping, bestaan intelligente lewe op alle vlakke van evolusie en in ontelbaar uitdrukkings. Julle wêreld bestaan in 'n deel van die Groter Gemeenskap wat taamlik wel bevolk is. Daar is baie gebiede van die Groter Gemeenskap wat nooit ondersoek geword het nie en ander gebiede waar rasse in die geheim leef. Alles bestaan in die Groter Gemeenskap in terme van die tonings van lewe. En hoewel lewe soos ons dit beskryf het lyk moeilik en uitdagend, die Skepper werk orals, terugeisend die afgeskeidene deur Kennis.

In die Groter Gemeenskap, daar kan geen een godsdiens, een ideologie of een vorm van regering wees wat by alle rasse en alle volke aangepas kan word nie. Daarom, wanneer ons van godsdiens praat, praat ons van die geestelikheid van Kennis, want hierdie is die mag en die teenwoordigheid van Kennis wat in alle intelligente lewe woon – binne julle, binne julle besoekers en binne ander rasse wat julle in die toekoms sal ontmoet.

Dus, word universele geestelikheid 'n groot fokus punt. Dit bring bymekaar die uiteenlopende begripte en idees wat algemeen in julle wêreld is en gee julle eie geestelikheid 'n gedeelde fondasie. Tog is die studie van Kennis nie net opbouend nie, dit is wesenlik vir oorlewing en bevordering in die Groter Gemeenskap. Vir julle in staat te wees om julle vryheid en onafhanklikheid in die Groter Gemeenskap te stig en in stand te hou, moet julle hierdie groter vermoë ontwikkeld hê onder genoeg mense in julle wêreld. Kennis is die enigste deel van jou wat nie gemanipuleer of beïnvloed kan word nie. Dit is die bron van alle wyse begrip en aksie. Dit word 'n noodsaaklikheid binne 'n Groter Gemeenskap omgewing as vryheid gewaardeer is en as julle wens om julle eie bestemming te stig sonder om in 'n kollektief of 'n ander samelewing integreer te word.

Daarom, terwyl ons opvoer 'n erge situasie in die wêreld vandag, ons opvoer ook 'n groot gawe en 'n groot belofte vir die mensdom, want die Skepper sou nie julle onbereid laat vir die Groter Gemeenskap nie, wat die grootste van alle draaipunte is wat julle as 'n ras voor julle sal sien. Ons is ook geseënde met hierdie gawe. Dit het vir baie van julle eeue in ons besitting gewees. Ons moes dit leer uit keus en uit noodsaaklikheid beide.

Inderdaad, is dit die teenwoordigheid en die mag van Kennis wat ons in staat stel om as julle Bondgenote te praat en die inligting te voorsien wat ons in hierdie diskoerse gee. As ons nooit hierdie groot Openbaring gevind het nie, sou ons in ons eie wêrelde geïsoleerd wees, nie in staat nie om die groter kragte in die heelal te verstaan wat ons toekoms en ons bestemming sou vorm. Want die gawe wat vandag in julle wêreld gegee word het vir ons gegee word en vir baie ander rasse ook wat belofte gewys het. Hierdie gawe is besonder belangrik vir opkomende rasse soos julle eie s'n wat sulke belofte hou en tog so kwesbaar is in die Groter Gemeenskap.

Daarom, terwyl daar geen een godsdiens of ideologie in die heelal kan wees nie, is daar 'n universele beginsel, begrip en geestelike werklikheid wat vir almal beskikbaar is. So volledig is dit dat dit kan spreek aan diegene wat baie verskillend as julle is. Dit spreek aan die diversiteit van lewe in al sy tonings. Julle, lewend in julle wêreld, het nou die geleentheid om van so 'n groot werklikheid te leer, om sy mag en genade vir julleself te ervaar. Inderdaad, is hierdie uiteindelik die gawe wat ons wens om te versterk, want hierdie sal julle vryheid en julle self-bepaling bewaar en sal die deur oopmaak aan 'n groot belofte in die heelal.

Maar julle hê teenspoed en 'n groot uitdaging by die begin. Hierdie verg julle om 'n dieper Kennis en 'n groter bewustheid te leer. As jy aan uitdaging beantwoord, word jy die begunstigde nie slegs vir jouself nie, maar vir jou hele ras.

Die lering in Groter Gemeenskap Geestelikheid word vandag in die wêreld voorgestel. Dit het nooit tevore hier voorgestel geword nie. Dit word deur een persoon gegee, wat as die tussenpersoon en spreker vir hierdie Tradisie bedien. Dit word op hierdie kritieke tyd in die wêreld gestuur wanneer die mensdom moet leer van sy lewe in die Groter Gemeenskap en van die groter kragte wat die wêreld vandag vormend is. Slegs 'n lering en begrip van buite die wêreld af kon julle hierdie voordeel en hierdie voorbereiding gee.

Julle is nie alleen in so 'n groot taak te onderneem nie, want daar is andere in die heelal wat hierdie onderneem, selfs by julle fase van ontwikkeling. Julle is maar een van baie rasse opkomend op hierdie tyd in die Groter Gemeenskap. Elkeen hou belofte en tog is elkeen kwesbaar aan die moeilikhede, uitdagings en invloede wat in hierdie groter omgewing bestaan. Inderdaad, het baie rasse hulle vryheid verloor voordat dit ooit bereik was slegs om deel te word van kollektiewes of kommersiële gildes of kliëntstate aan groter magte.

Ons wens nie om hierdie vir die mensdom te sien gebeur nie, want hierdie sou 'n groot verlies wees. Dit is vir hierdie rede dat ons hier is. Dit is vir hierdie rede dat die Skepper vandag aktief in die wêreld is, bringend 'n nuwe begrip vir die mensefamilie. Dit is tyd vir die mensdom om sy onophoudelike konflikte met sigself te einde en te voorberei vir lewe in die Groter Gemeenskap.

Julle leef in 'n gebied wat baie bedrywigheid hê buite die sfeer van julle klein sonnestelsel. In hierdie gebied, word handel volgens sekere lane aangedra. Wêrelde inwerk op mekaar, ding mee en somtyds konflikteer met mekaar. Geleenthede word gesoek deur almal wat kommersiële belangstellings hê. Hulle soek nie net hulpbronne nie maar ook bondgenootskappe van wêrelde soos julle s'n. Sommige is deel van groter kollektiewes. Andere hou in stand hulle eie bondgenootskappe op 'n baie kleiner skaal. Wêrelde wat in staat is om suksesvol in die Groter

Gemeenskap op te kom moes hulle selfregering en self-genoegsaamheid tot 'n groot mate in stand gehou. Hierdie vry hulle van blootstel aan andere kragte wat sou soek net om hulle te ontgin en manipuleer.

Dit is inderdaad julle self-genoegsaamheid en die ontwikkeling van julle begrip en eenheid wat die mees wesenlik word vir julle welstand in die toekoms. En hierdie toekoms is nie ver af nie, want alreeds word die invloed van die besoekers groter in julle wêreld. Baie individue het alreeds aan hulle ingee en dien nou as hulle sendelings en tussenpersone. Baie ander individue dien net as hulpbronne vir hulle genetiese program. Hierdie het gebeur, soos ons het gesê, baie keer in baie plekke. Dit is nie 'n geheimenis vir ons hoewel dit onverstaanbaar vir julle moet lyk.

Die Ingryping is albei 'n ongeluk en 'n vitale geleentheid. As julle in staat is om te reageer, as julle in staat is om voor te berei, as julle in staat is om Groter Gemeenskap Kennis en Wysheid te leer, dan sal julle in staat wees om die kragte wat in julle wêreld inmeng teë te werk en die fondasie vir groter eenheid onder julle eie volke en volkstamme te bou. Ons, natuurlik, moedig hierdie aan, want dit versterk die verband van Kennis orals.

In die Groter Gemeenskap, oorlog op 'n groot skaal selde gebeur. Daar is bedwingende kragte. Om een ding te noem, oorlog verontrus koophandel en hulpbronsontwikkeling. As 'n gevolg, is groot nasies nie toegestaan om roekeloos op te tree nie, want dit belemmer of teenwerk die doelwitte van ander partye, ander nasies en ander belangstellings. Burgeroorlog gebeur periodiek in wêrelde, maar groot-skaal oorlog tussen samelewings en tussen wêrelde is inderdaad skaars. Dit is deels vir hierdie rede dat vaardigheid in die Verstandelike Omgewing gestig is, want nasies ding mee en probeer om mekaar te beïnvloed. Sindsien niemand wil hulpbronne en geleenthede vernietig nie, hierdie groter vaardighede en vermoëns word ontwikkel met wisselende mates van sukses onder baie samelewings in die Groter Gemeenskap. Wanneer hierdie soort invloede teenwoordig is, die behoefte vir Kennis is eens groter.

Die mensdom is sleg bereid vir hierdie. Tog weens julle ryk geestelike erfenis en die mate waarnatoe persoonlike vryheid vandag in julle wêreld bestaan, is daar belofte dat julle in staat mag wees om voort te gaan in hierdie begrip en dus jou vryheid te beveilig en dit te bewaar.

Daar is ander gedwongenhede teen oorlog in die Groter Gemeenskap. Meeste handelssamelewings behoort aan groot gildes wat wette en gedragskode vir hulle lidde gestig het. Hierdie bedien om die bedrywighede van baie wat sou soek om krag te gebruik om toegang aan ander wêrelde en hulle eiendomshulpbronne te kry, te bedwing. Vir oorlog op 'n groot skaal te uitbreek, sou baie rasse betrokke moet wees, en hierdie gebeur nie gereeld nie. Ons verstaan dat die mensdom baie oorlogagtig is en beskou konflik in die Groter Gemeenskap in terme van oorlog, maar in die werklikheid sal julle vind dat hierdie nie wel toegestaan is nie en dat andere lane van oorreding word gebruik in plek van krag.

Dus, kom julle besoekers na julle wêreld toe nie met groot bewapenings nie. Hulle kom nie bringend groot militêre kragte nie, want hulle gebruik die vaardighede wat hulle in ander maniere bedien het – vaardighede om die gedagtes, die impulse en die gevoelens van diegene wat hulle ontmoet, te manipuleer. Die mensdom is baie kwesbaar aan sulke oorredings aangesien die mate van bygeloof, konflik en wantroue wat op hierdie tyd algemeen in julle wêreld is.

Daarom, om julle besoekers te verstaan en andere wat julle in die toekoms sal ontmoet te verstaan, moet julle 'n meer ryp benaderingswyse stig tot die gebruik van mag en invloed. Hierdie is 'n vitale deel van julle Groter Gemeenskap onderwys. Deel van die voorbereiding vir hierdie sal gegee word in die Lering in Groter Gemeenskap Geestelikheid, maar julle moet ook leer deur direk ervaring.

Hede, ons verstaan, is daar 'n baie denkbeeldige perspektief van die Groter Gemeenskap onder baie mense. Dit word geglo dat diegene wat tegnologies bevorderd is ook geestelik bevorderd is, tog kan ons julle verseker dat hierdie nie die geval is nie. Julle julleself, hoewel meer tegnologies bevorderd nou as julle voorheen was, het nie tot 'n baie groot mate geestelik bevorder nie. Julle het meer mag, maar met mag kom die behoefte vir groter selfbedwang.

Daar is diegene in die Groter Gemeenskap wat ver meer magtig as julle is by 'n tegnologiese vlak en selfs op die vlak van gedagte. Julle sal evolueer om met hulle om te gaan, maar bewapening sal nie julle fokus wees nie. Want oorlog op 'n interplanetêre skaal is so verwoestig dat elkeiemand verloor. Wat is die buit van so 'n konflik? Watter voordele beveilig dit? Inderdaad, wanneer so 'n konflik bestaan, gebeur dit in die ruimte self en selde in terrestriale omgewinge. Skelm nasies en diegene wat verwoestig en aggressief is word vinnig teengewerk, veral as hulle bestaan in wel-bevolkte gebiede waar koophandel aangedra word.

Daarom is dit noodsaaklik vir julle om te verstaan die natuur van konflik in die heelal want hierdie sal insig vir julle gee by die besoekers en hulle behoeftes – waarom hulle fungeer in die manier hulle doen, waarom individuele vryheid onbekend onder hulle is en waarom hulle staatmaak op hulle kollektiewes. Hierdie gee hulle vastigheid en mag, maar dit lewer hulle ook kwesbaar aan diegene wat vaardig met Kennis is.

Kennis stel jou in staat om in enige getal maniere te dink, om spontaan te optree, om die werklikheid te waarneem buite die duidelik en die toekoms en die verlede te ervaar. Sulke vaardighede is buite die bereik van diegene wat net die regimens en die diktats van hulle kulture kan volg. Julle is ver agter die besoekers tegnologies, maar julle het ook die belofte om vaardighede in Die Weg van Kennis te ontwikkel, vaardighede wat julle sal nodig en moet leer om meer en meer daarop te staatmaak.

Ons sou nie die Bondgenote van die Mensdom wees nie as ons nie vir julle leer oor lewe in die Groter Gemeenskap nie. Ons het soveel gesien. Ons het baie verskillende dinge ontmoet. Ons wêrelde was oorwin en ons moes ons vryheid herkry. Ons weet, van dwaling en van ervaring, die natuur van die konflik en die uitdaging wat julle vandag voorlê. Die is waarom ons wel gepas is vir hierdie sending in ons diens vir julle. Maar julle sal nie ons ontmoet nie, en ons sal nie kom om met die leiers van julle nasies te ontmoet nie. Die is nie ons doelwit nie.

Inderdaad, julle nodig so min inmenging as moontlik is, maar julle nodig groot bystaan. Daar is nuwe vaardighede wat julle moet ontwikkel en 'n nuwe begrip wat julle moet kry. Selfs 'n goedgunstige samelewing, as hulle na julle wêreld toe kom, sou so 'n invloed en so 'n impak hê op julle dat julle sou afhanklik op hulle word en sou nie julle eie sterkte, julle eie mag en julle eie self-genoegsaamheid stig nie. Julle sou so afhanklik wees op hulle tegnologie en op hulle begrip dat hulle sou nie in staat wees om julle te verlaat nie. En inderdaad, sou hulle aankoms hier julle selfs meer kwesbaar maak aan inmenging in die toekoms. Want julle sou hulle tegnologie begeer, en julle sou wil om langs die gange van handel in die Groter Gemeenskap te reis. Tog sou julle nie bereid wees nie, en julle sou nie wys wees nie.

Die is waarom julle toekomstige vriende nie hier is nie. Die is waarom hulle kom nie om julle te help nie. Want julle sou nie sterk word nie as hulle het so gedoen. Julle sou wil om met hulle te assosieer, julle sou wil om bondgenootskappe met hulle te hê, maar julle sou so swak wees dat julle kon nie julleself beskerm nie. Wesenlik, sou julle deel van hulle kultuur word, wat hulle wil nie.

Dalk sal baie mense nie in staat wees om wat ons sê hier te verstaan nie, maar met tyd sal hierdie perfekte sin maak vir julle, en julle sal sien sy wysheid en sy noodsaaklikheid. Op hierdie oomblik, is julle ver te swak, te afgetrokke en te gekonflik om sterk bondgenootskappe te vorm, selfs met diegene wat julle toekomstige vriende kon wees. Die mensdom kan nog nie as een stem praat nie, en julle is so geneigd aan ingryping en manipulering van buite af.

As die werklikheid van die Groter Gemeenskap word meer wel bekend in julle wêreld, en as ons boodskap genoeg mense kan bereik, dan sal daar 'n groeiende konsensus wees dat daar 'n groter probleem voor die mensdom is. Hierdie kon 'n nuwe basis vir samewerking en konsensus skep. Want watter moontlike voordeel kan een nasie in julle wêreld oor 'n ander hê wanneer die hele wêreld deur die Ingryping bedreig is? En wie kon individuele mag soek in 'n omgewing waar buiteaardse kragte ingrypend is? As vryheid in julle wêreld werklik sal wees, moet dit meegedeel wees. Dit moet ge-erken en bekend wees. Dit kan nie die voorreg van die weiniges wees nie of daar sal geen werklike sterkte hier wees nie.

Ons verstaan van die Onsigbares dat daar alreeds mense is wat wêreld heerskappy soek omdat hulle glo dat hulle die besoekers se seënings en ondersteuning hê. Hulle hê die besoekers se versekering dat hulle sal bygestaan word in hulle soektog vir mag. En tog, wat gee hulle weg maar die sleutels aan hulle eie vryheid en die vryheid van die wêreld? Hulle is onwetend en onwys. Hulle kan nie hulle dwaling sien nie.

Ons ook verstaan dat daar diegene is wat glo dat die besoekers hier is om 'n geestelike renaissance en 'n nuwe hoop vir die mensdom te verteenwoordig, maar hoe kan hulle weet, hulle wat niks weet van die Groter Gemeenskap nie? Dit is hulle hoop en hulle wens dat hierdie die geval kan wees, en sulke wense word akkommodeer deur die besoekers, vir baie duidelike redes.

Wat ons sê hier is dat daar niks kort van werklike vryheid in die wêreld kan wees, werklike mag en werklike eenheid. Ons maak ons boodskap beskikbaar vir elkeiemand, en ons vertrou dat ons woorde ernstig ontvang en beskou kan word. Tog het ons geen beheersing oor julle reagering nie. En die bygelowe en die vrese van die wêreld mag maak ons boodskap buite die bereik vir baie. Maar die belofte is nog daar. Om meer vir julle te gee, sou ons julle wêreld moet oorneem, wat ons wil nie doen nie. Daarom gee ons alles wat ons kan gee sonder om in julle sake in te meng. Tog is daar baie wat inmenging wil hê. Hulle wil gered word deur iemand anders. Hulle vertrou nie moontlikhede vir die mensdom nie. Hulle glo nie in die mensdom se aangebore sterktes of vermoëns nie. Hulle sal hulle vryheid gewillig oorgee. Hulle sal glo wat hulle deur die besoekers vertel word. En hulle sal hulle nuwe meesters dien, dinkend dat wat hulle gegee word, hulle eie bevryding is.

Vryheid is 'n kosbare ding in die Groter Gemeenskap. Moet nooit hierdie vergeet nie. Julle vryheid, ons vryheid. En wat is vryheid maar die vermoë om Kennis, die werklikheid wat die Skepper vir jou gegee het, te volg en Kennis te uitdruk en Kennis by te dra in al sy tonings?

Julle besoekers hê nie hierdie vryheid nie. Dit is onbekend vir hulle. Hulle kyk na die chaos van julle wêreld, en hulle glo dat die orde wat hulle hier sal oplê verlossend vir julle sal wees en sal julle red van julle eie self-vernietiging. Hierdie is alles wat hulle kan gee, want hierdie is alles wat hulle hê. En hulle sal julle gebruik, maar hulle beskou hierdie nie as onverpas nie, want hulle hulself word gebruik en weet van geen alternatief vir hierdie nie. hulle programmering, hulle bedinging, is so volkome dat om hulle te bereik op die vlak van hulle dieper geestelikheid hou net afgeleë moontlikhede. Julle hê nie die sterkte om hierdie te doen nie. Julle sou soveel sterker moet wees as julle vandag is om 'n verlossende invloed op julle besoekers te hê. En tog, is hulle konformiteit nie so ongewoon in die Groter Gemeenskap nie. Dit is baie gewoon in groot kollektiewes, waar eenvormigheid en toegewing wesenlik is vir doeltreffende fungering, veral oor uitgestrekte gebiede van die ruimte.

Daarom, moenie na die Groter Gemeenskap met vrees kyk nie, maar met objektiwiteit. Die toestande wat ons beskryf bestaan alreeds in julle wêreld. Julle kan hierdie dinge verstaan. Manipulering is bekend vir julle. Invloed is bekend vir julle. Julle het hulle nie op so 'n groot skaal ontmoet nie net, en ewemin het julle ooit mee ander vorme van intelligente lewe moet ding nie. As 'n gevolg, hê julle nog nie die vaardighede om so te doen nie.

Ons praat van Kennis omdat dit julle grootste vermoë is. Ongeag watter tegnologie julle oor tyd kan ontwikkel, Kennis is julle grootste belofte. Julle is eeue agter die besoekers in julle tegnologiese ontwikkeling, so julle moet op Kennis staatmaak. Dit is die grootste krag in die heelal, en julle besoekers gebruik dit nie. Dit is julle enigste hoop. Die is waarom die Lering in Groter Gemeenskap Geestelikheid leer Die Weg van Kennis, voorsien die Stappe na Kennis en leer Groter Gemeenskap Wysheid en Insig. Sonder hierdie voorbereiding, sou julle nie die vaardigheid of die perspektief hê om julle dilemma te verstaan of dit doeltreffend te beantwoord nie. Dit is te groot. Dit is te nuut. En julle is nie aangepas by hierdie nuwe omstandighede nie.

Die besoekers se invloed groei met elke verbygaande dag. Elke persoon wat hierdie kan hoor, hierdie kan voel en weet moet Die Weg van Kennis leer, Die Groter Gemeenskap Weg van Kennis. Hierdie is 'n roeping. Dit is 'n gawe. Dit is 'n uitdaging.

Onder meer aangename omstandighede, wel, die behoefte mag nie so groot lyk nie. Maar die behoefte is baie groot, want daar is geen sekuriteit nie, daar is geen plek om te skuil nie, daar is geen skuilplek in die wêreld nie wat veilig is van die buiteaardse teenwoordigheid wat hier is nie. Die is waarom daar net twee keuse is: julle kan ingee of julle kan staan vir julle vryheid.

Hierdie is die groot besluiting wat voor elke persoon geplaas word. Hierdie is die groot draaipunt. Julle kan nie dwaas wees in die Groter Gemeenskap nie. Dit is te vereisend 'n omgewing. Dit verg voortreflikheid, toewyding. Julle wêreld is te waardevol. Die hulpbronne hier word deur andere begeer. Die strategiese posisie van julle wêreld word in hoë ag gehou. Selfs as julle lewend is in sommige ver af wêreld ver van enige handelsroete, ver van alle kommersiële inwikkelinge, uiteindelik sou julle deur iemand ontdek word. Daardie gebeurlikheid het nou vir julle gekom. En dit is wel aan die gang.

Hou moed, dan. Hierdie is 'n tyd vir dapperheid, nie vir ambivalensie nie. Die gewigtigheid van die situasie wat julle nou voorlê bevestig net die belangrikheid van julle lewe en julle antwoord en die belangrikheid van die voorbereiding wat vandag in die wêreld gegee word. Dit is nie slegs vir julle opbouing en bevordering nie. Dit is vir julle beskerming en julle oorlewing ook.

Vrae en Antwoorde

Ons voel dat dit belangrik is, aangesien die inligting wat ons sover voorsien het, om vrae te beantwoord wat seker moet voortkom betreffend ons werklikheid en die beduidendheid van die boodskappe wat ons gekom het om te gee.

◆

"Aangesien die gebrek van harde bewys, waarom behoort mense te glo wat julle vir hulle vertel oor die Ingryping?"

Eerste, daar moet groot bewys wees betreffend die besoeking na julle wêreld. Ons is vertel dat hierdie die geval is. Tog is ons ook vertel deur die Onsigbares dat mense weet nie hoe om die bewys te verstaan nie en dat hulle gee dit hulle eie betekenis – 'n betekenis wat hulle verkies om te gee daaraan, 'n betekenis wat meestendeels gerief en gerusstelling oplewer. Ons is seker dat daar genoeg bewys is om te bevestig dat die Ingryping gebeur vandag in die wêreld as 'n mens die tyd neem om te soek en hierdie saak te navors. Die feit dat julle regerings of godsdienstige leiers nie sulke dinge openbaar nie beteken nie dat so 'n groot gebeurtenis nie te midde van julle gebeur nie.

◆

"Hoe kan mense weet dat julle werklik is?"

Betreffend ons werklikheid, ons kan nie ons fisieke teenwoordigheid toon vir julle nie, en so moet julle die betekenis en die belang van ons woorde onderskei. Op hierdie punt, dit is nie net 'n kwessie van geloof nie. Dit verg 'n groter herkenning, 'n Kennis, 'n resonering. Die woorde ons praat ons glo is waar, maar daardie verseker nie dat hulle so ontvang kan wees nie. Ons kan nie die reagering aan ons boodskap beheer nie. Daar is mense wat meer bewys verg as moontlik gegee kan wees. Vir andere, sulke bewys sal nie noodsaaklik wees nie, want hulle sal 'n innerlike bevestiging voel.

In die tussentyd, dalk bly ons 'n twispunt, en tog hoop ons en vertrou ons dat ons woorde ernstig beskou kan wees en dat die bewys wat bestaan, wat substantiaal is, versamel en verstaan kan wees deur diegene wat gewillig is om hulle inspanning en hulle fokus in die lewe hieraan te gee. Van ons perspektief, daar is geen groter probleem, uitdaging en geleentheid om julle aandag te ontvang nie.

Daarom is julle by die begin van 'n nuwe begrip. Hierdie verg geloof en selfstandigheid. Baie sal ons woorde verwerp net omdat hulle glo nie dat ons moontlik kan bestaan nie. Andere dalk sal dink dat ons deel van sommige manipulering is wat op die wêreld gewerp is. Ons kan nie hierdie reagerings beheer nie. Ons kan net ons boodskap en ons teenwoordigheid in julle lewe openbaar, hoe afgeleë ook al daardie teenwoordigheid mag wees. Dit is nie ons teenwoordigheid hier wat van opperste belangrikheid is nie, maar die boodskap wat ons gekom het om te openbaar en die groter perspektief en begrip wat ons vir julle kan voorsien. Julle onderwys moet iewers begin. Alle onderwys begin met die wens om te weet.

Ons hoop dat deur ons diskoerse ons kan ten minste deel van julle vertroue kry ten einde om te begin om te openbaar wat ons hier is om aan te bied.

◆

"Wat hê julle om te sê vir diegene wat die Ingryping as 'n positiewe ding sien?"

Ons verstaan, in die eerste plek, die verwagting dat alle kragte van die hemele verwant is met julle geestelike begrip, tradisies en fondamentele oortuigings. Die idee dat daar prosaïese lewe in die heelal is, is 'n uitdaging aan hierdie grondige aannames. Vans ons perspektief en aangesien die ervaring van ons eie kulture, ons verstaan hierdie verwagtings. In die ver weg verlede, ons onsself het hulle in stand gehou. En tog moes ons hulle loslaat om die werklikhede van Groter Gemeenskap lewe en die betekenis van besoeking onder oë te sien.

Julle leef in 'n groot fisieke heelal. Dit is vol lewe. Hierdie lewe verteenwoordig ontelbaar tonings en verteenwoordig ook die evolusie van intelligensie en geestelike bewustheid op elke vlak. Wat hierdie ook beteken is dat wat julle in die Groter Gemeenskap sal ontmoet omvat amper elke moontlikheid.

Maar julle is geïsoleer en reis nie in die ruimte nog nie. En selfs as julle die vermoë gehad om 'n ander wêreld te bereik, die heelal is uitgestrek, en niemand het die vermoë gekry om van een einde van die sterrestelsel na die ander te gaan met enige soort vinnigheid nie. Daarom bly die fisieke heelal enorme en onbegrypbaar. Niemand het sy wette gemeester nie. Niemand het sy gebiede oorwin nie. Niemand kan aanspraak maak op volledig oorheersing of beheersing nie. Die lewe het 'n groot nederigmakende effek in hierdie manier. Selfs ver buite julle grense is hierdie waar.

Julle behoort dan te kom om te verwag dat julle sal intelligensies ontmoet verteenwoordigend kragte vir goed, kragte vir onbewustheid en diegene wat meer neutraal betreffend julle is. Maar in die werklikhede van Groter Gemeenskap reis en ondersoeking, opkomende rasse soos julle eie s'n sal, amper sonder besondering, hulpbronsondersoekers, kollektiefs en diegene soekend voordeel vir hulleself ontmoet as hul eerste kontak met Groter Gemeenskap lewe.

Betreffend die positiewe vertolking van besoeking, deel van hierdie is menslike verwagting en die natuurlike wens om 'n goeie uitkoms te welkom en hulp te soek van die Groter Gemeenskap vir die probleme wat die mensdom nie in staat gewees het om te oplos op sy eie nie. Dit is normaal om sulke dinge te verwag, veral wanneer julle beskou dat julle besoekers groter vermoëns hê as julle. Maar 'n groot deel van die probleem om die groot besoeking te vertolk het om te doen met die wil en die agenda van die besoekers hulleself. Want hulle aanmoedig mense orals om hulle teenwoordigheid hier as heeltemal voordelik vir die mensdom en vir sy behoeftes te beskou.

◆

"As hierdie Ingryping so wel aan die gang is, waarom het julle nie vroeër gekom nie?"

Op 'n vroeër tyd, baie jare gelede, verskeie groepe van julle bondgenote het na julle wêreld gekom om te besoek in 'n poging om 'n boodskap van hoop te gee, om die mensdom voor te berei. Maar helaas kon hulle boodskappe nie verstaan wees nie en was misgebruik deur daardie weiniges wat hulle kon ontvang. Ná hul koms, die besoekers van die kollektiefs het versamel en het hier vergader. Dit is bekend vir ons dat hierdie sou gebeur, want julle wêreld is ver te waardevol om verbysien te wees, en, soos ons het gesê, dit bestaan nie in 'n afgeleë en ver weg deel van die heelal nie. Julle wêreld is vir 'n lank tyd waargeneem deur diegene wat sou soek om dit vir hulle eie voordeel te gebruik.

◆

"Waarom kan ons bondgenote nie die Ingryping stop nie?"

Ons is slegs hier om te waarneem en te aanraai. Die groot besluite voor die mensdom is in julle hande. Die groot besluite wat die mensdom voorlê is in julle hande. Niemand anders kan hierdie besluite vir julle maak nie. Selfs julle groot vriende ver buite julle wêreld sou nie ingryp nie, want as hulle so gedoen, dit sou oorlog veroorsaak, en julle wêreld sou 'n vegsgrond tussen teenstaandende kragte word. En as julle vriende die oorwinaare is, julle sou heeltemal afhanklik op hulle word, nie in staat om vir julleself te sorg nie of julle eie sekuriteit in die heelal in stand te hou nie. Ons weet van geen goedgunstige ras wat sou soek om hierdie las te dra nie. En om die waarheid te sê, dit sou julle ook nie dien nie. Want julle sou 'n kliëntstaat aan 'n ander mag word en sou van ver weg regeer moet wees. Hierdie is nie voordelik vir julle in enige manier nie, en dit is vir hierdie rede dat hierdie gebeur nie. Tog sal die besoekers hulleself as verlossers en redders van die mensdom werp. Hulle sal julle naïwiteit benut. Hulle sal op julle verwagtings kapitaliseer, en hulle sal soek om heeltemal te bevoordeel van julle vertroue.

Daarom is dit ons ongeveinse wens dat ons woorde as 'n teengif tot hulle teenwoordigheid en tot hulle manipulering en misbruik kan dien. Want julle regte word oortree. Julle gebied word geinfiltreer. Julle regerings word oorreed. En julle godsdienstige ideologies en impulse word herrig.

Daar moet 'n stem van waarheid betreffend hierdie wees. En ons kan slegs vertrou dat julle hierdie stem van waarheid kan hoor. Ons kan slegs hoop dat die oorreding nie te ver gegaan het nie.

◆

"Wat is realistiese doelwitte vir ons om te stel, en wat is die onderste lyn met betref tot die mensdom te red van sy self-bepaling verloor?"

Die eerste stap is bewustheid. Baie mense moet bewus word dat die Aarde word besoek en dat vreemde magte hier is operened in 'n heimlike manier, soekend om hulle agenda en ondernemings van menslike begrip te skuil. Dit moet baie helder wees dat hulle teenwoordigheid hier 'n groot uitdaging aan menslike vryheid en self-bepaling is. Die agenda wat hulle verkondig en die Pasifikasie Program wat hulle borg moet met nugterheid en wysheid betreffend hulle teenwoordigheid teengewerk word. Hierdie teenwerking moet gebeur. Daar is baie mense in die wêreld vandag wat in staat is om hierdie te verstaan. Daarom is die eerste stap bewustheid.

Die volgende stap is onderwys. Dit is noodsaaklik vir baie mense in verskillende kulture en in verskillende nasies te leer oor lewe in die Groter Gemeenskap en te begin om te begryp waarmee julle sal omgaan en waarmee julle selfs op hierdie oomblik omgaan.

Daarom is bewustheid en onderwys realistiese doelwitte. Hierdie in sigself sou die besoekers se agenda in die wêreld belemmer. Hulle opereer nou met baie min weerstand. Hulle ontmoet weinige belemmerings. Al diegene wat soek om hulle as "bondgenote van die mensdom" te beskou moet leer dat hierdie nie die geval is nie. Dalk sal ons woorde nie genoeg wees nie, maar hulle is 'n begin.

◆

"Waar kan ons hierdie onderwys vind?"

Die onderwys kan in Die Groter Gemeenskap Weg van Kennis gevind word, wat op hierdie tyd in die wêreld voorgestel word. Hoewel dit 'n nuwe begrip oor lewe en geestelikheid in die heelal oplewer, dit is verbind met al die onvervalse geestelike paaie wat alreeds in julle wêreld bestaan – geestelike paaie wat menslike vryheid en die betekenis van ware geestelikheid waardeer en wat samewerking, vrede en eenstemmigheid in die mensefamilie waardeer. Daarom roep die lering in Die Weg van Kennis voort al die groot waarhede wat alreeds in julle wêreld bestaan en gee hulle 'n groter konteks en arena van uitdrukking. In hierdie manier, Die Groter Gemeenskap Weg van Kennis vervang nie die wêreld se godsdienste nie, maar lewer op 'n groter konteks waarin hulle wragtig betekenisvol en toepaslik vir julle tye kan wees.

◆

"Hoe deel ons julle boodskap met andere?"

Die waarheid leef op hierdie oomblik binne elke persoon. As jy aan die waarheid in 'n persoon kan spreek, dit sal sterker word en begin om te resoneer. Ons groot hoop, die hoop van die Onsigbares, die geestelike kragte wat julle wêreld dien, en die hoop van diegene wat menslike vryheid waardeer en wens om julle opkoming in die Groter Gemeenskap suksesvol vervul te wees, staatmaak op hierdie waarheid wat leef binne elke persoon. Ons kan nie hierdie bewustheid op julle dwing nie. Ons kan dit net openbaar vir julle en vertrou in die grootheid van Kennis wat die Skepper vir julle gegee het wat julle en andere in staat kan stel om dit te beantwoord.

◆

"Waar lê die mensdom se sterktes om die Ingryping teë te
staan?"

Eerste, ons verstaan van waarneming van julle wêreld, en van wat die Onsigbares vir ons vertel het betreffend dinge wat ons nie kan sien nie, dat hoewel daar groot probleme in die wêreld is, daar is genoeg menslike vryheid om julle 'n fondasie te gee om die Ingryping teë te staan. Hierdie is in kontras met baie ander wêrelde waar individuele vryheid nooit gestig was om mee te begin nie. As hierdie wêrelde ontmoet buiteaardse kragte te midde van hulle en die werklikheid van Groter Gemeenskap lewe, die moontlikheid vir hulle om vryheid en onafhanklikheid te stig is baie beperk.

Daarom het julle 'n groot sterkte in dat menslike vryheid bekend is in julle wêreld en word deur baie beoefen, hoewel dalk nie almal nie. Julle weet julle hê iets om te verloor. Julle waardeer wat julle alreeds hê, tot watter mate ook al dit gestig is. Julle wil nie deur vreemde magte regeer word nie. Julle wil nie eens streng regeer word deur menslike gesagte nie. Daarom is hierdie 'n begin.

Volgende ding, omdat julle wêreld ryke geestelike tradisies hê wat Kennis in die individu bevorder het en menslike samewerking en begrip bevorder het, die werklikheid van Kennis is alreeds gestig. Ons sê weer, in ander wêrelde waar Kennis nooit gestig was nie, die moontlikheid om dit te stig op die draaipunt van opkoming in die Groter Gemeenskap wys min hoop vir sukses. Kennis is sterk genoeg in genoeg mense hier dat hulle mag in staat wees om te leer van die werklikheid van lewe in die Groter Gemeenskap en te begryp wat op hierdie tyd te midde van hulle gebeur. Dit is vir hierdie rede dat ons hoopvol is, want ons vertrou in menslike wysheid. Ons vertrou dat mense bo selfsugtigheid, self-voorbesetenheid en self-beskerming kan opstaan om die lewe in 'n groter manier te beskou en 'n groter verantwoordelikheid in diens vir hul eie soort te voel.

Dalk is ons geloof ongegrond, maar ons vertrou dat die Onsigbares ons wys aanraai het betreffend hierdie. As 'n gevolg, ons het onsself op risiko geplaas deur om in die nabyheid van julle wêreld te wees en gebeure buite julle grense te betuig wat direkte invloed hê op julle toekoms en bestemming.

Die mensdom het groot belofte. Julle het 'n groeiende bewustheid van probleme in julle wêreld – die gebrek van samewerking onder nasies, die verlaging van julle natuurlike omgewing, julle verminderende hulpbronne en so voort. As hierdie probleme onbekend vir julle volk was, as hierdie werklikhede was van julle mense verborg gehou, tot die mate dat mense geen idee gehad het van die bestaan van hierdie dinge nie, dan sou ons nie so hoopvol wees nie. Maar die werklikheid bly dat die mensdom het die potensiaal en die belofte om enige ingryping in die wêreld teë te werk.

◆

"Sal hierdie Ingryping 'n militêre invalling word?"

Soos ons het gesê, julle wêreld is ver te waardevol om 'n militêre invalling op te rui. Niemand wat julle wêreld besoek wil sy infrastruktuur of sy natuurlike hulpbronne vernietig nie. Die is waarom die besoekers soek nie om die mensdom te vernietig nie, maar pleks daarvan om die mensdom betrokke te maak in diens vir hulle kollektiefs.

Dit is nie militêre invalling wat julle bedreig nie. Dit is die mag van verlokking en oorreding. Hierdie sal op julle eie swakhede, op julle eie selfsugtigheid, op julle onbewustheid van lewe in die Groter Gemeenskap en op julle blinde optimisme betreffend julle toekoms en die betekenis van lewe buite julle grense, gebou wees.

Om hierdie teë te werk, ons voorsien onderwys en ons praat van die middels van voorbereiding wat op hierdie tyd in die wêreld gestuur word. As julle nie alreeds van menslike vryheid geweet het nie, as julle nie alreeds bewus was van die probleme endemies aan julle wêreld nie, dan kon ons nie so 'n voorbereiding vir julle toevertrou nie. En ons sou nie vertroue hê nie dat ons woorde sou resoneer met die waarheid van wat julle weet nie.

◆

"Kan julle mense so magtig as die besoekers beïnvloed, maar vir die goed?"

Ons voorneme is nie om individue te beïnvloed nie. Ons voorneme is net om die probleem en die werklikheid waarin julle opkom te oplewer. Die Onsigbares voorsien die eintlike middel van voorbereiding, want daardie kom van God. In hierdie, die Onsigbares beïnvloed individue vir die goed. Maar daar is beperkings. Soos ons het gesê, dit is julle self-bepaling wat versterk moet wees. Dit is julle mag wat vergroot moet wees. Dit is julle samewerking onder die mensefamilie wat ondersteun moet wees.

Daar is grense betreffend hoeveel hulp ons kan voorsien. Ons groep is klein. Ons loop nie te midde van julle nie. Daarom moet die groot begrip van julle nuwe werklikheid van persoon tot persoon meegedeel wees. Dit kan nie deur 'n vreemde mag op jou gedwing wees nie, selfs as dit vir julle eie goed was. Ons sou nie, dan, julle vryheid en self-bepaling ondersteun nie as ons so 'n program van manipulering borg nie. Hier julle kan nie soos kinders wees nie. Julle moet ryp en verantwoordelik word. Dit is julle vryheid wat in die weegskaal is. Dit is julle wêreld wat in die weegskaal is. Dit is julle samewerking met mekaar wat benodig is.

Julle hê nou 'n groot saak om julle ras te verenig, want geen van julle sal bevoordeel sonder die ander nie. Geen nasie sal bevoordeel as enige ander nasie val onder buiteaardse beheersing nie. Menslike vryheid moet volledig wees. Die samewerking moet gebeur rondom julle wêreld. Want nou is elkeiemand in dieselfde situasie. Die besoekers begunstig nie een groep oor 'n ander nie, een ras oor 'n ander, een nasie oor 'n ander. Hulle soek net die laan van minste weerstand om hulle teenwoordigheid en hulle oorheersing van julle wêreld te stig.

◆

"Hoe extensief is hulle infiltrasie van die mensdom?"

Die besoekers het 'n beduidende teenwoordigheid in die bevorderdste nasies in julle wêreld, veral die nasies van Europa, Rusland, Japan en Amerika. Die word as die sterkste nasies beskou, met die grootste mag en invloed. En dit is daar dat die besoekers sal konsentreer. Maar hulle vat mense van orals oor die wêreld, en hulle verkondig hulle Pasifikasie Program met al diegene wat hulle vang, as daardie individue ontvanklik aan hulle invloed kan wees. Daarom is die besoekers se teenwoordigheid wêreldwyd, maar hulle konsentreer op diegene wat hulle hoop hulle bondgenote sal word. Hierdie is die nasies en regerings en godsdienstige leiers wat die grootste mag en invloed hou oor menslike gedagte en oortuiging.

◆

"Hoeveel tyd hê ons?"

Hoeveel tyd hê julle? Julle hê 'n bietjie tyd, hoeveel ons kan nie sê nie. Maar ons kom met 'n dringende boodskap. Hierdie is nie 'n probleem wat net vermy of ontken kan wees nie. Van ons perspektief, is dit die belangrikste uitdaging voor die mensdom. Dit is van die grootste besorging, die eerste prioriteit. Julle is laat in julle voorbereiding. Hierdie was veroorsaak deur baie faktore buite ons beheersing. Maar daar is tyd, as julle kan reageer. Die uitkoms is onseker en tog is daar nog hoop vir julle sukses.

◆

"Hoe kan ons fokus op hierdie Ingryping aangesien die onmeetlikheid van ander globale probleme wat reg nou gebeur?"

In die eerste plek, ons voel dat daar geen ander probleme in die wêreld is wat so belangrik as hierdie is nie. Van ons perspektief, wat ook al julle op julle eie kan oplos sal min betekenis hê in die toekoms as julle vryheid verloor word. Wat kon julle hoop om te kry? Wat kon julle hoop om te bereik of beveilig as julle nie vry is in die Groter Gemeenskap nie? Al julle bereikings sou aan julle nuwe goewerneure gegee wees; al julle rykdom sou op hulle bestee wees. En hoewel julle besoekers nie wreedaardig is nie, hulle is heeltemal toegewy aan hulle agenda. Julle word waardeer slegs sover as julle nuttig vir hulle saak kan wees. Dit is vir hierdie rede dat ons voel nie dat daar enige ander probleme voor die mensdom is wat so belangrik as hierdie is nie.

◆

"Wie sal waarskynlik aan hierdie situasie reageer?"

Betreffend wie kan reageer, daar is baie mense in die wêreld vandag wat 'n aangebore kennis hê van die Groter Gemeenskap en wat sensitief daaraan is. Daar is baie andere wat alreeds deur die besoekers geneem is maar het nie aan hulle of hul oorreding geswig nie. En daar is baie andere wat besorg is oor die toekoms van die mensdom en wat aandagtig is aan die gevare wat die mensdom voorlê, selfs in julle eie wêreld. Mense in al of enige van hierdie drie kategorieë mag onder die eerste wees om aan die Groter Gemeenskap werklikheid te reageer en die voorbereiding vir die Groter Gemeenskap te begin. Hulle mag van enige loop van die lewe kom, van enige nasie, van enige godsdienstige agtergrond of van enige ekonomiese groep. Hulle is letterlik orals oor die wêreld. Dit is op hulle en op hul reagering dat die groot Geestelike Magte wat menslike welstand beskerm en oorsien afhanklik is.

◆

"Julle sê dat individue word orals rond die wêreld gevat. Hoe kan mense hulleself of andere beskerm teen ontvoer te wees?"

Die meer dat jy sterk met Kennis en bewus van die besoekers se teenwoordigheid kan word, die minder sal jy 'n begeerlike onderwerp wees vir hul studie en manipulering. Die meer jy gebruik jou ontmoetings met hulle om insig in hulle te kry, die groter gevaar word jy. Soos ons gesê het, hulle soek die pad van minste weerstand. Hulle wil individue hê wat toegewend en buigsaam is. Hulle wil diegene hê wat hulle weinige probleme en min besorging veroorsaak.

Tog as julle sterk word met Kennis, sal jy buite hulle beheersing wees omdat nou kan hulle nie jou verstand of jou hart vang nie. En met tyd, sal jy die mag van waarneming hê om in hulle verstande te sien, wat hulle wens nie. Jy word dan 'n gevaar vir hulle, 'n uitdaging aan hulle, en hulle sal jou vermy as hulle kan.

Die besoekers soek nie om geopenbaar te wees nie. Hulle wens nie vir konflik nie. Hulle is oorvertrouend dat hulle hulle doelwitte kan bereik sonder ernstige weerstand van die mensefamilie. Maar sodra as sulke weerstand opstel word, sodra as die mag van Kennis ontwaak in die individue, dan het besoekers 'n baie meer formidabele belemmering. Hul ingryping hier word gedwarsboom en meer moeilik om te bereik. En hul oorreding van diegene wat regeer, word meer moeilik om te bereik. Daarom is dit die individu se antwoord en toewyding aan die waarheid wat wesenlik hier is.

Word bewus van die besoekers se teenwoordigheid. Buig nie aan die oorreding dat hulle teenwoordigheid hier van 'n geestelike natuur is of dat dit groot voordeel of verlossing hou vir die mensdom nie. Staan teen die oorreding. Herkry jou eie innerlike gesag, die groot gawe wat die Skepper vir jou gegee het. Word 'n krag om mee te reken betreffend enigiemand wat teen jou fondamentele regte sou oortree of ontken.

Hierdie is Geestelike Mag wat uitdruk word. Dit is die Wil van die Skepper dat die mensdom opkom in die Groter Gemeenskap verenig in sigself en vry van vreemde ingryping en oorheersing. Dit is die Skepper se Wil dat julle berei voor vir 'n toekoms wat ongeleke as julle verlede sal wees. Ons is hier in diens vir die Skepper, en dus dien ons teenwoordigheid en ons woorde hierdie doelwit.

◆

"As die besoekers weerstand ontmoet in die mensdom of in sekere individue, sal hulle kom in groter getalle of sal hulle weggaan?"

Hulle nommers is nie groot nie. As hulle groot weerstand ontmoet, hulle sal moet terugval en nuwe planne maak. Hulle is heeltemal vertrouend dat hulle sending vervul kan wees sonder ernstige belemmerings. Tog as ernstige belemmerings voortkom, dan sou hul ingryping en oorreding gedwarsboom wees, en hulle sou ander maniere moet vind om kontak met die mensdom te kry.

Ons vertrou dat die mensefamilie genoeg weerstand en genoeg konsensus kan genereer ten einde om hierdie invloede teë te werk. Dit is op hierdie dat ons baseer ons hope en ons inspannings.

◆

"Wat is die belangrikste vrae ons moet vra vir onsself en andere met betref tot hierdie probleem van buiteaardse infiltrasie?"

Dalk die mees kritieke vrae om vir jouself te vra is, "Is ons mense alleen in die heelal of in ons eie wêreld? Word ons op hierdie tyd besoek? Is hierdie besoeking voordelik vir ons? Moet ons voorberei?"

Hierdie is baie fondamentele vrae, maar hulle moet gevra wees. Daar is baie vrae, hoewel, wat nie beantwoord kan word nie, want julle weet nie genoeg oor lewe in die Groter Gemeenskap nie, en julle is nog nie vertrouend dat julle die vermoë hê om hierdie kragte teë te werk nie. Daar is baie dinge wat ontbreek in menslike onderwys, wat hoofsaaklik op die verlede gefokus is. Die mensdom opkom vanuit 'n lank staat van relatiewe isolasie. Tog is julle isolasie klaar nou, vir altyd. Dit was altyd geweet dat hierdie sou gebeur. Dit is onontkombaar dat hierdie die geval sou wees. Daarom gaan julle onderwys en julle waardes in 'n nuwe konteks in, waarby hulle moet aanpas.

En die aanpassing moet vinnig gebeur weens die natuur van die Ingryping vandag in die wêreld.

Daar sal baie vrae wees wat jy nie kan beantwoord nie. Jy sal sonder hulle moet leef. Jou onderwys oor die Groter Gemeenskap is net by die begin. Jy moet dit met groot nugterheid en besorgdheid benader. Jy moet jou eie neigings om te probeer om die situasie aangenaam of gerusstellend te maak, teenwerk. Jy moet 'n objektiwiteit oor die lewe ontwikkel, en jy moet kyk buite jou eie persoonlike sfeer van belangstellings ten einde om jouself in 'n posisie te plaas om die groter kragte en gebeure te beantwoord wat jou wêreld en jou toekoms vorm.

◆

"Wat as genoeg mense kan nie reageer nie?"

Ons is vertrouend dat genoeg mense kan reageer en hulle groot onderwys oor lewe in die Groter Gemeenskap begin ten einde om belofte en hoop te gee vir die mensefamilie. As hierdie nie bereik kan wees nie, dan sal die diegene wat hulle vryheid waardeer en wat hierdie onderwys hê moet terugtrek. Hulle sal Kennis lewendig in die wêreld moet hou as die wêreld onder volle beheersing val. Hierdie is 'n baie ernstige alternatief, en tog het dit in ander wêrelde gebeur. Die reis terug na vryheid van so 'n posisie is baie moeilik. Ons hoop dat hierdie nie julle noodlot sal wees nie, en daardie is hoekom ons hier is en gee vir julle hierdie inligting. Soos ons gesê het, daar is genoeg mense in die wêreld wat kan antwoord om die voorneme van die besoekers teë te werk en hul invloed op menslike sake en menslike waardes teë te werk.

◆

"Julle praat van ander wêrelde wat opkomend in die Groter Gemeenskap is. Kan julle praat van suksesse en mislukkings wat invloed op ons situasie kan hê?"

Daar het suksesse gewees of ons sou nie hier wees nie. In my geval, as die spreker vir ons groep, ons wêreld het alreeds grootliks geinfiltreer geword voordat ons die situasie byderhande besef het. Ons onderwys was gevra deur die aankoms van 'n groep soos onsself, wat insig en inligting oor ons situasie verskaf het. Ons het uitheemse hulpbronshandelaars in ons wêreld gehad inwerkend op ons regering. Diegene wat op daardie tyd regeer het was oorreed dat handel en koophandel voordelik vir ons sou wees, want ons het begin om hulpbronsuitputting te ervaar. Hoewel ons ras verenig was, ongeleke as julle eie s'n, ons het begin om heeltemal afhanklik te word op die nuwe tegnologie en geleenthede wat vir ons voorgestel was. En tog as hierdie het gebeur, daar was 'n beweging in die sentrum van mag. Ons word die kliënte. Die besoekers word die voorsieners. As tyd geloop het, terme en beperkings was op ons geplaas, subtiele in die begin.

Ons godsdienstige fokus en oortuigings was ook beïnvloed deur die besoekers, wat belang gewys het in ons geestelike waardes maar wat gewens het om ons 'n nuwe begrip te gee, 'n begrip op die kollektief gebaseerd, op die samewerking van verstande dinkend gelyk in eenheid met mekaar gebaseerd. Hierdie was vir ons ras as 'n uitdrukking van geestelikheid en prestasie voorgestel. Sommige was oorreed, en tog omdat ons wel aanraai was van ons bondgenote buite ons wêreld, bondgenote soos onsself, ons het begin om 'n weerstandsbeweging op te stel en met tyd was ons in staat om die besoekers te dwing om ons wêreld te verlaat.

Sedert daardie tyd, het ons baie oor die Groter Gemeenskap geleer. Die handel wat ons hou is baie selektief, met net 'n weinige ander nasies. Ons het in staat gewees om die kollektiefs te vermy, en daardie het ons vryheid bewaar. En tog was ons sukses moeilik om te bereik, want daar was baie van ons wat moes sterf in die gesig van hierdie konflik. Ons s'n is 'n storie van sukses, maar nie sonder prys nie. Daar was andere in ons groep wat gelyke moeilikhede deurgeleef het in hul interaksie met ingrypende kragte in die Groter Gemeenskap. En tog omdat ons uiteindelik geleer het om buite ons grense te reis, ons het bondgenootskap met mekaar gekry. Ons was in staat om te leer wat geestelikheid beteken in die Groter Gemeenskap. En die Onsigbares, wat ons wêreld ook dien, het ons gehelp in hierdie betref om die groot oorgang te maak van isolasie tot Groter Gemeenskap bewustheid.

Tog het daar baie mislukkings gewees waarvan ons nie bewus is nie. Kulture waar die inheemse volke het nie persoonlike vryheid gestig nie of het nie die vrugte van samewerking geproe nie, selfs al hulle tegnologies bevorderend was, het nie 'n fondasie gehad om hulle eie onafhanklikheid te stig in die heelal nie. Hulle vermoë om die kollektiefs weer te staan was baie beperk. Verlok deur beloftes van groter mag, groter tegnologie en groter rykdom, en verlok deur die oënskynlike voordele van handel in die Groter Gemeenskap, hulle sentrum van mag het hulle wêreld verlaat. In die einde, hulle het heeltemal afhanklik geword op diegene wat hulle toevoer en wat beheersing van hulle hulpbronne en hulle infrastrukture gekry het.

Seker kan julle verbeeld hoe hierdie die geval kan wees. Selfs in julle eie wêreld volgens julle eie geskiedenis, julle het gesien hoe kleiner nasies val onder die oorheersing van groter ene. Julle kan hierdie selfs vandag sien. Daarom is hierdie idees nie heeltemal vreemd vir julle nie. In die Groter Gemeenskap, soos in julle wêreld, die sterk sal die swak oorheers, as hulle kan. Hierdie is 'n werklikheid van lewe orals. En dit is vir hierdie rede dat ons aanmoedig nou julle bewustheid en julle voorbereiding, ten einde dat julle sterk mag word en julle self-bepaling mag groei.

Dit mag 'n ernstige teleurstelling vir baie wees om te verstaan en te leer dat vryheid skaars is in die heelal. As nasies word sterker en meer tegnologies, hulle verg groter en groter eenvormigheid en toegewendheid onder hulle volke. As hulle brug uit in die Groter Gemeenskap en word betrokke in Groter Gemeenskap sake, die verdraagsaamheid vir individuele uitdrukking verminder tot die punt waar groot nasies wat rykdom en mag hê word met 'n strengheid en 'n veeleisende houding regeer wat julle as afskuwelik sou vind.

Hier moet julle leer dat tegnologiese bevordering en geestelike bevordering nie dieselfde is nie, 'n les wat die mensdom nog nie geleer het nie en wat julle moet leer as julle julle natuurlike wysheid in hierdie sake sal oefen.

Julle wêreld word grootliks gewaardeer. Dit is ryk biologies. Julle sit op 'n prys wat julle moet beskerm as julle sy opsigters en erfgename sal wees. Beskou die volke in julle wêreld wat hulle vryheid verloor het omdat hulle in 'n plek geleef het wat deur andere as waardevol beskou was. Dit is nou die hele menslike familie wat so in gevaar gestel is.

◆

"Omdat die besoekers so vaardig is om gedagtes te uitsteek en mense se Verstandelike Omgewing te beïnvloed, hoe verseker ons onsself dat wat ons sien werklik is?"

Die enigste basis vir wyse waarneming is die ontwikkeling van Kennis. As jy glo net in wat jy sien, dan sal jy glo net wat vir jou gewys word. Daar is baie, ons word vertel, wat hierdie perspektief hê. Tog het ons geleer dat die Wyse orals moet 'n groter visie en 'n groter onderskeiding kry. Dit is waar dat julle besoekers beelde van julle gesaligdes en van julle godsdienstige figure kan uitsteek. Hoewel hierdie nie dikwels beoefen is, dit kan seker gebruik wees ten einde om toewyding te oproep in diegene wat alreeds geneig aan sulke oortuigings is. Hier word julle geestelikheid 'n gebied van kwesbaarheid waar Wysheid gebruik moet word.

Tog het die Skepper Kennis vir jou gegee as 'n fondasie vir ware onderskeiding. Jy kan weet wat jy sien as jy jouself vra of dit werklik is. Tog om hierdie te doen, moet jy hierdie fondasie hê, en die is waarom die lering in Die Weg van Kennis so grondig is om Groter Gemeenskap Geestelikheid te leer. Sonder hierdie, mense sal glo wat hulle wil glo, en hulle sal staatmaak op wat hulle sien en wat vir hulle gewys word. En hulle potensiaal vir vryheid sal alreeds verlore wees, want dit was nooit toegelaat om te floreer in die eerste plek nie.

◆

"Julle praat van Kennis lewendig te hou. Hoeveel mense sal dit neem om Kennis lewendig in die wêreld te hou?"

Ons kan nie vir julle 'n nommer gee nie, maar dit moet sterk genoeg wees om 'n stem te genereer in julle eie kulture. As hierdie boodskap net deur 'n weinige ontvang kan wees, hulle sal nie hierdie stem of hierdie sterkte hê nie. Hier moet hulle hulle wysheid meedeel. Dit kan nie net vir hulle eie opbouing wees nie. Baie meer moet van hierdie boodskap leer, baie meer as dit vandag kan ontvang.

◆

"Is daar 'n gevaar in om hierdie boodskap te oplewer?"

Daar is altyd 'n gevaar in om die waarheid te oplewer, nie slegs in julle wêreld nie, maar in ander plekke. Mense kry voordeel van die omstandighede soos hulle huidig bestaan. Die besoekers sal voordeel aanbied vir diegene wat regeer wat hulle kan ontvang en wat nie sterk met Kennis is nie. Mense word gewoond aan hierdie voordele en bou hulle lewens daarop. Hierdie maak hulle weerstandig of eens vyandig aan die oplewering van waarheid, wat roep vir hulle verantwoordelikheid in diens vir andere en wat die basis van hulle rykdom en prestasies mag bedreig.

Hierdie is waarom ons verborg is en loop nie in julle wêreld nie. Seker sou die besoekers ons vernietig as hulle kon ons vind. Maar die mensdom mag soek om ons ook te vernietig weens wat ons verteenwoordig, weens die uitdaging en die nuwe werklikheid wat ons toon. Nie elkeiemand is gereed om die waarheid te ontvang nie selfs al dit grootliks benodig is.

◆

"Kan individue wat sterk met Kennis is die besoekers beïnvloed?"

Die kans van sukses hier is baie beperk. Julle omgaan met 'n kollektief van wesens wat geteel is om toegewend te wees, wie se hele lewe en ervaring word omvat en bevorder deur 'n kollektiewe verstandsgesteldheid. Hulle dink nie vir hulself nie. Vir hierdie rede, ons voel nie dat julle kan hulle beïnvloed nie. Daar is weinige in die mensefamilie wat die sterkte hê om hierdie te doen, en selfs hier sou die moontlikheid vir sukses baie beperkte wees. So die antwoord moet "Nee" wees. Vir alle praktiese doelwitte, julle kan nie hulle oorreed nie.

◆

"Hoe is kollektiefs verskillend as 'n verenigde mensdom?"

Kollektiefs bestaan uit verskillende rasse en van diegene wat geteel is om daardie rasse te dien. Baie van die wesens wat in die wêreld ontmoet word is deur die kollektiefs geteel om dienaars te wees. Hulle genetiese erfenis is lank verlore vir hulle. Hulle is geteel om te dien, soos julle teel diere om julle te dien. Die menslike samewerking wat ons aanmoedig is 'n samewerking wat die self-bepaling van individue bewaar en 'n posisie van sterkte voorsien waarvandaan die mensdom kan inwerk, nie slegs met die kollektiefs maar met andere wat julle kuste in die toekoms sal besoek.

'n Kollektief is op een oortuiging, een stel beginsels en een gesag gebaseerd. Sy beklemtoning is volle getrouheid aan 'n idee of 'n ideal. Hierdie word bevorder nie slegs in die onderwys van julle besoekers, maar ook in hulle genetiese kode. Die is waarom hulle optree in die maniere wat hulle doen. Hierdie is beide hulle sterkte en hulle swakheid. Hulle het groot sterkte in die Verstandelike Omgewing omdat hulle verstande verenig is. Maar hulle is swak omdat hulle kan nie vir hulleself dink nie. Hulle kan nie ingewikkeldhede of adversiteit baie suksesvol hanteer nie. 'n Man of vrou van Kennis sou onverstaanbaar vir hulle wees.

Die mensdom moet verenig om sy vryheid te bewaar, maar hierdie is 'n baie verskillende stigting as die skepping van 'n kollektief. Ons noem hulle "kollektiefs" omdat hulle kollektiefs van verskillende rasse en nasionaliteite is. Kollektiefs is nie een ras nie. Hoewel daar baie rasse is in die Groter Gemeenskap wat deur 'n heersende gesag regeer is, 'n kollektief is 'n organisasie wat strek buite die getrouheid van een ras aan sy eie wêreld.

Kollektiefs kan groot mag hê. Tog omdat daar baie kollektiefs is, hulle het die neiging om mee te ding, wat verhoed enige een van hulle van heersend te word. Daar is ook verskeie nasies in die Groter Gemeenskap wat lankstaandende geskille hê met mekaar, wat verskillend is om oor te brug. Dalk het hulle vir 'n lank tyd vir dieselfde hulpbronne mededing. Dalk ding hulle mee om die hulpbronne wat hulle hê te verkoop. Tog is 'n kollektief 'n verskillende saak. Soos ons sê hier, dit is nie op een ras en een wêreld gebaseerd nie. Hulle is die gevolg van oorwinning en oorheersing. Die is waarom julle besoekers bestaan uit verskillende rasse van wesens op verskillende vlakke van gesag en beheersing.

◆

"In ander wêrelde wat suksesvol verenig het, het hulle hulle individue vryheid van gedagte in stand gehou?"

Tot wisselende mates. Sommige tot 'n baie hoë mate, andere minder so, afhanklik op hulle geskiedenis, hulle psigologiese saamstel en die behoeftes van hulle eie oorlewing. Julle lewe in die wêreld het relatief maklik gewees vergeleke met waar ander rasse ontwikkel het. Meeste plekke waar intelligente lewe bestaan was gekoloniseer, want daar is nie baie terrestriale planete soos julle s'n wat so 'n rykdom van biologiese hulpbronne oplewer nie. Hulle vryheid het grotendeels op die rykdom van hulle omgewinge afhang. Maar hulle het almal suksesvol gewees om uitheemse indringing gedwarsboom te maak en het hulle eie lyne van ruil, koophandel en kommunikasie gestig baseerd op hulle eie self-bepaling. Hierdie is 'n ongewone bereiking en moet verdien en beskerm wees.

◆

"Wat sal dit neem om menslike eenheid te bereik?"

Die mensdom is baie kwesbaar in die Groter Gemeenskap. Hierdie kwesbaarheid, met tyd, kan 'n fondamentele samewerking bevorder onder die mensefamilie, want julle moet aansluit en verenig ten einde om te oorleef en voort te gaan. Hierdie is deel van 'n Groter Gemeenskap bewustheid te hê. As hierdie op die beginsels van menslike bydrae, vryheid en self-uitdrukking gebaseerd is, dan kan julle self-genoegsaamheid baie sterk en baie ryk word. Maar daar moet 'n groter samewerking wees in die wêreld. Mense kan nie vir hulleself alleen leef nie of hulle eie persoonlike doelwitte sit bo en buite die behoeftes van elkeiemand anders nie. Sommige sal miskien hierdie as 'n verlies van vryheid sien. Ons sien dit as 'n gewaarborging vir toekomstige vryheid. Want aangesien die huidige houdings wat algemeen is in die wêreld vandag, julle toekomstige vryheid sou baie moeilik wees om te beveilig of in stand te hou. Let op. Diegene wat deur hul eie selfsugtigheid aangedrywe is, is die perfekte kandidate vir vreemde invloed en manipulering. As hulle in posisies van mag is, hulle sal hulle nasie se rykdom, hulle nasie se vryheid en hulle nasie se hulpbronne oorgee ten einde om voordeel vir hulleself te kry.

Daarom word groter samewerking vereis. Seker kan jy hierdie sien. Seker is hierdie blykbaar selfs in jou eie wêreld. Maar hierdie is baie verskillend as die lewe van die kollektief, waar rasse oorheer en beheer is, waar diegene wat toegewend is word in die kollektiefs gebring en diegene wat is nie, vervreemd of vernietig word. Seker so 'n stigting, hoewel dit groot invloed kan hê, kan nie voordelik vir sy lede wees nie. En tog is hierdie die pad wat so baie in die Groter Gemeenskap geneem het. Ons wens nie om die mensdom in so 'n organisasie te sien val nie. Die sou 'n groot tragedie en 'n verlies wees.

◆

"Hoe is die menslike perspektief verskillend as julle s'n?"

Een van die verskille is dat ons het 'n Groter Gemeenskap perspektief ontwikkel, wat 'n minder selfgesentreerde manier is van na die wêreld te kyk. Dit is 'n perspektief wat groot helderheid gee en groot sekerheid kan voorsien betreffend die kleiner probleme wat julle in julle daaglikse sake sien. As jy 'n groot probleem kan oplos, jy kan kleiner ene oplos. Julle het 'n groot probleem. Elke mensewesen in die wêreld het hierdie groot probleem voor. Dit kan julle verenig en julle in staat stel om julle lankstaandende verskille en konflikte te oorkom. Dit is so groot en so magtig. Die is waarom ons sê dat daar 'n moontlikheid vir verlossing is in dieselfde omstandighede wat julle welstand en julle toekoms bedreig.

Ons weet dat die mag van Kennis binne die individu kan daardie individu en al hulle verhoudings herstel na 'n hoër mate van bereiking, herkenning en vermoë. Jy moet hierdie vir jouself ontdek.

Ons lewens is baie verskillend. Een van die verskille is dat ons lewens gegee aan diens is, 'n diens wat ons het verkies. Ons het die vryheid om te kies en dus is ons keus werklik en betekenisvol en op ons eie begrip gebaseerd. In ons groep is verteenwoordigers van verskeie verskillende wêrelde. Ons het saam gekom in diens vir die mensdom. Ons verteenwoordig 'n groter bondgenootskap wat meer geestelik in sy natuur is.

◆

"Hierdie boodskap kom deur een man. Hoekom kontak julle elkeiemand nie as hierdie so belangrik is?"

Dit is net 'n saak van doeltreffendheid. Ons beheer nie wie geselekteer is om ons te ontvang nie. Die is 'n saak vir die Onsigbares, diegene wat julle juis "Engele" kan noem. Ons dink van hulle in hierdie manier. Hulle het hierdie persoon geselekteer, 'n persoon wat geen posisie in die wêreld het nie, wat nie erkend in die wêreld word nie, 'n individu wat gekose is weens sy eienskappe en weens sy erfenis in die Groter Gemeenskap. Ons is bly om een te hê waardeur ons kan praat. As ons deur meer gepraat het, dalk sou hulle verskil met mekaar, en die boodskap sou deurmekaar en verlore word.

Ons verstaan, van ons eie studentskap, dat die transmissie van geestelike wysheid is in die algemeen deur een gegee, met die ondersteuning van andere. Hierdie individu moet die gewig en die las en die risiko dra van so gekose te wees. Ons respekteer hom omdat hy hierdie doen, en ons verstaan wat 'n las dit kan wees. Hierdie sal dalk verkeerd opvat wees, en daardie is waarom die Wyse verborg moet bly. Ons moet verborg bly. Want daar sal vyandigheid wees aan hierdie boodskap. Die besoekers sal dit teenstaan en alreeds dit teenstaan. Hul teenstand kan beduidend wees maar sal hoofsaaklik na die boodskapper homself gemik wees. Dit is vir hierdie rede dat die boodskapper beskerm moet wees.

Ons weet dat die antwoorde vir hierdie vrae sal meer vrae genereer. En baie van hierdie kan nie beantwoord word nie, dalk eens vir 'n lank tyd. Die Wyses êrens moet met vrae leef wat hulle nog nie kan antwoord nie. Dit is deur hulle geduld en hulle aanhouvermoë dat werklike antwoorde opkom en dat hulle in staat is om hulle te ervaar en te beliggaam.

Hierdie vrae was na die Nuwe Kennis Biblioteek uitgestuur deur baie van die eerste lesers van die Bondgenote Materiaal.

Die mensdom is op 'n nuwe begin. Dit sien het 'n ernstige situasie voor. Die behoefte vir 'n nuwe onderwys en begrip is opperste. Ons is hier om hierdie behoefte te dien per die aanvra van die Onsigbares. Hulle staatmaak op ons om ons wysheid mee te deel, want ons leef in die fisieke heelal, soos julle doen. Ons is nie engelagtige wesens nie. Ons is nie perfek nie. Ons het nie groot hoogtes van geestelike bewustheid en bereiking bereik nie. En daarom sal ons boodskap vir julle oor die Groter Gemeenskap, ons vertrou, meer toepaslik en meer maklik ontvang wees. Die Onsigbares weet ver meer as ons oor lewe in die heelal en oor die vlakke van bevordering en bereiking wat beskikbaar is en dat in baie plekke beoefen is. Tog het hulle ons gevra om te praat betreffend die werklikheid van fisieke lewe omdat ons volledig betrokke daar is. En ons het geleer deur ons eie beproewings en dwalings die belangrikheid en die betekenis van wat ons deel met julle.

Dus kom ons as die Bondgenote van die Mensdom, want sulke is ons. Wees dankbaar dat julle bondenote hê wat julle kan help en wat julle kan onderwys en wat julle sterkte, julle vryheid en julle bereiking kan ondersteun. Want sonder hierdie bystaan, die prospek van julle oorlewing van die soort uitheemse infiltrasie wat julle nou ervaar sou baie beperk wees. Ja, daar sou 'n weinige individue wees wat sou kom om te besef dit situasie soos dit eintlik bestaan, maar hulle nommers sou nie groot genoeg wees nie, en hulle stemme sou ongehoor gaan.

In hierdie, ons kan net vir julle vertroue vra. Ons hoop dat deur die wysheid van ons woorde en deur die geleenthede julle hê om hulle betekenis en toepaslikheid te leer, dat ons met tyd hierdie vertroue kan kry, want julle het bondgenote in die Groter Gemeenskap. Julle het groot vriende buite hierdie wêreld wat die uitdagings wat julle nou voorlê, gely het, en sukses bereik het. Omdat ons bygestaan was, ons nou moet andere bystaan. Die is ons geheiligde verbond. Dit is hieraan dat ons vas toegewy is.

DIE OPLOSSING

◆

NA SY KERN,

DIE OPLOSSING VIR DIE INGRYPING IS NIE OOR

TEGNOLOGIE, POLITIEK OF MILITÊRE KRAG NIE.

Dit is oor die hernuwing van die menslike gees.

Dit is oor mense bewus te word van die Ingryping en uit te spreek daarteen.

Dit is oor die isolasie en die bespotting te eindig wat verhoed mense van wat hulle sien en weet, te uitdruk.

Dit is oor vrees, vermyding, fantasie en bedrieëry te oorkom.

Dit oor mense sterk, bewus en bemagtig te word.

Die Bondgenote van die Mensdom voorsien hierdie kritiese raad wat stel ons in staat om die Ingryping te herken en sy invloede teë te werk. Om hierdie te doen, die Bondgenote vra ons om ons inheemse intelligensie en ons reg om ons bestemming as 'n vrye ras in die Groter Gemeenskap te vervul, te oefen.

Dit is tyd om te begin.

DAAR IS 'N NUWE HOOP
IN DIE WÊRELD

Hoop word opnuut aangesteek deur diegene wat sterk met Kennis word. Hoop kan vervaag en dan weer aan die brand gesteek word. Dit kan blyk om te kom en weggaan, afhanklik op hoe mense beïnvloed is en wat hulle kies vir hulleself. Hoop rus met jou. Omdat die Onsigbares hier is beteken nie die dat daar hoop is nie, maar sonder jou, sou daar geen hoop wees. Want jy en andere soos jy bring 'n nuwe hoop in die wêreld omdat julle leer om die gawe van Kennis te ontvang. Hierdie bring 'n nuwe hoop in die wêreld. Dalk kan jy hierdie nie volledig in hierdie oomblik sien. Dalk blyk dit asof dit buite jou begrip is. Maar van 'n groter uitsigspunt, dit is so baie waar en so baie belangrik.

Die wêreld se opkoming in die Groter Gemeenskaap spreek hieraan, want as niemand bereid maak vir die Groter Gemeenskap, wel, dan, hoop sou blyk om te vervaag. En die mensdom se bestemming sou blyk om heeltemal voorspelbaar te wees. Maar omdat daar hoop in die wêreld is, omdat daar hoop in jou is en in andere soos jou wat 'n groter roeping beantwoord, die bestemming van die mensdom het groter belofte, en die vryheid van die mensdom mag wel verseker word in die toekoms.

◆

VAN STAPPE NA KENNIS—VOORTSETTING OEFENING

Weerstand

En

Bemagtiging

◆

WEERSTAND EN BEMAGTIGING

Die Etiek Van Kontak

$\diamondsuit$

Op elke draai, die Bondgenote moedig ons aan om 'n aktiewe rol te neem om die buiteaardse Ingryping wat vandag in ons wêreld gebeur, te onderskei en teenstaan. Hierdie insluit om ons eie regte en prioriteite as die inheemse volk van hierdie wêreld te onderskei en ons eie Reëls van Inwikkeling te stig betreffend alle huidige en toekomstige kontak met ander rasse van wesens.

Om na die naturale wêreld en terug deur die mensegeskiedenis te kyk wys oorgenoeg vir ons die lesse van ingryping: dat mededinging vir hulpbronne 'n integrale deel van die natuur is, dat ingryping deur een kultuur op 'n ander altyd vir self-belang uitgedra is en het 'n verwoestige impak om die kultuur en vryheid van die volk wat ontdek word en dat die sterk oorheers die swak altyd, as hulle kan.

Terwyl dit denkbaar is dat daardie ET rasse wat ons wêreld besoek 'n uitsondering aan hierdie reël mag wees, so 'n uitsondering sal moet verby 'n skadu van 'n twyfel bewys wees, deur om die mensdom die reg om enige aanbod vir besoeking te beoordeel. Hierdie het seker nie gebeur nie. Pleks daarvan, in die mensdom se ervaring van Kontak dusver, ons het ons oppergesag en eienaarsregte as die inheemse volk van hierdie wêreld uitoorlê gehad. Die "besoekers" het hulle eie agenda nastrewe, sonder ag vir die mensdom se goedkeuring of ingeligte deelneming.

As beide die Bondgenote Briefings en baie van die UFO/ET navorsing duidelik aandui, etiese kontak gebeur nie. Terwyl dit mag vanpas wees vir 'n vreemde ras om hulle ervaring en wysheid met ons te deel van ver af, soos die Bondgenote het gedoen, dit is nie vanpas vir rasse te kom hier onversoek en probeer om in menslike sake in te meng, selfs onder die masker van ons te help. Aangesien die vlak van die mensdom se ontwikkeling as 'n jong ras op hierdie tyd, dit is nie eties om hierdie te doen nie.

Die mensdom het nie die geleentheid gehad om sy eie Reëls van Inwikkeling te stig of die grense te stel wat elke inheemse ras moet stig vir sy eie veiligheid en sekuriteit. Om so te doen sou menslike eenheid en samewerking bevorder omdat ons sou moet saamkom om hierdie te bereik. Hierdie aksie sou die bewustheid verg dat ons een volk is wat een wêreld meedeel, dat ons nie alleen in die heelal is nie en dat ons grense na die ruimte moet gestig en beskerm wees. Tragies, word hierdie ontwikkelingsproses nou uitoorlê.

Dit is om die mensdom se voorbereiding vir die werklikhede van lewe in die Groter Gemeenskap dat die Bondgenote Briefings gestuur was. Inderdaad, die Bondgenote se boodskap vir die mensdom is 'n toning van wat etiese kontak werklik is. Hulle hou 'n hande-af benaderingswyse, eer ons inheemse vermoëns en oppergesag terwyl hulle moedig aan die vryheid en eenheid wat die mensdom sal nodig ten einde om ons toekoms in die Groter Gemeenskap te navigeer. Terwyl baie mense vandag bevraagteken dat die mensdom die mag en integriteit hê om sy eie behoeftes en uitdagings in die toekoms te voldoen, die Bondgenote verseker ons dat hierdie mag, die geestelike mag van Kennis, bly binne almal van ons en dat ons moet dit op ons eie behoewe gebruik.

Die voorbereiding vir die mensdom se opkoming in die Groter Gemeenskap het gegee geword. Die twee stel van die Bondgenote van die Mensdom Briefings en die boeke van Die Groter Gemeenskap Weg van Kennis is beskikbaar vir lesers orals. Hulle kan by www.alliesofhumanity.org/af en www.nuweboodskap.org/af gesien wees. Saam daarmee voorsien hulle die middels om die Ingryping teë te werk en ons toekoms in 'n veranderende wêreld op die drumpel van die ruimte onder die oë te sien. Hierdie is die enigste sulke voorbereiding in die wêreld vandag. Dit is dieselfde voorbereiding waarvoor die Bondgenote so dringend geroep het.

In reagering aan die Bondgenote Briefings, 'n groep toegewyde lesers het 'n dokument getitel die Verklaring van Menslike Soewereinteit. Gemodel op die Verenigde State Verklaring van Onafhanklikheid, die Verklaring van Menslike Soewereinteit aanlê om die Etiek van Kontak en die Reëls van Inwikkeling te stig wat ons, as die inheemse volk van hierdie wêreld, nou grootliks nodig ten einde of menslike vryheid en soewereinteit te bewaar. As die inheemse volk van hierdie wêreld, ons het die reg en verantwoordelikheid om te bepaal wanneer en hoe besoeking sal gebeur en wie in ons wêreld kan kom. Ons moet dit vir alle nasies en groepe in die heelal wat bewus van ons bestaan is laat bekend wees, dat ons self-bepaalde is en voorneme om ons regte en veratnwoordelikhede as 'n opkomende ras van vrye mense in die Groter Gemeenskap te uitoefen. Die Verklaring van Menslike

Soewereinteit is 'n begin en kan by www.humansovereignty.org gelees word.

WEERSTAND EN BEMAGTIGING

Aksie Neem – Wat jy kan doen

◆

Die Bondgenote vra ons om 'n staanplek te neem vir die welstand van ons wêreld en, wesenlik, Bondgenote van die Mensdom onsself te word. Tog om werklik te wees, moet hierdie toewyding van ons wete, die diepste deel van onsself kom. Daar is baie dinge wat jy kan doen om die Ingryping teë te werk en 'n positiewe krag te word deur om jouself en andere om jou te versterk.

Sommige lesers het voelens van hopeloosheid uitgedruk nadat hulle die Bondgenote materiaal gelees het. As hierdie jou ervaring is, is dit belangrik om te onthou dat dit die voorneme van die Ingryping is om jou te beïnvloed om óf aanvarend en hoopvol of hulpeloos en magteloos te voel in die gesig van hulle teenwoordigheid. Toelaat nie jouself om so oorreed te word nie. Jy vind jou sterkte deur aksie neem. Wat kan jy werklik doen? Daar is baie wat jy kan doen.

◆

Leer jouself.

Voorbereiding moet begin met bewustheid en onderwys. Jy moet 'n begrip hê van waarmee jy omgaan. Leer jouself oor die UFO/ET verskynsel. Leer jouself oor die onlangste ontdekkings van planetere wetenskap en astrobiologie wat vir ons beskikbaar word.

AANBEVOLE LESING

- Sien "Addisionele Hulpmiddels" in die Aanhangsel.

◆

Weerstaan die invloed van die Pasifikasie Program.

Weerstaan die Pasifikasie Program. Weerstaan die invloed om lusteloos en onantwoordend vir jou eie Kennis te word. Weerstaan die Ingryping deur bewustheid, deur advokaatskap en deur begrip. Verkondig menslike samewerking, eenheid en integriteit.

AANBEVOLE LESING

- Groter Gemeenskap Geestelikheid, Hoofstuk 6: "Wat is die Groter Gemeenskap?" en Hoofstuk 11: "Waarvoor Is Jou Voorbereiding?"
- Lewend Die Weg van Kennis, Hoofstuk 1: "Lewend in 'n Opkomende Wêreld"

◆

Word bewus van die verstandelike omgewing.

Die verstandelike omgewing is die omgewing van gedagte en invloed waarin ons almal leef. Sy effek op ons denkery, emosies en aksies is selfs groter as die effek van die fisiese omgewing. Die verstandelike omgewing word nou direk geraak en beïnvloed deur die Ingryping. Dit word ook geraak deur regering en kommersiale belangstellings orals om ons. Om bewus te word van die verstandelike omgewing is kritiek om jou eie vryheid om vry en helder te dink, te volhou. Die eerste stap wat jy kan neem is om bewus te kies wie en wat jou denkery en besluite beïnvloed deur die toevoer wat jy van buite ontvang. Hierdie insluit media, boeke en oorredende vriende, familie en owerheidspersone. Stel jou eie gidslyne en leer hoe om duidelik te bepaal, met onderskeiding en objektiwiteit, wat ander mense, en selfs die kultuur in die algemeen, vertel jou. Elkeen van ons moet leer om hierdie invloede bewus te onderskei ten einde om die verstandelike omgewing waarin ons leef, te beskerm en te oplig.

AANBEVOLE LESING

- Wysheid van die Groter Gemeenskap Volume II, Hoofstuk 12: "Self-uitdrukking en die Verstandelike Omgewing" en Hoofstuk 15: "Antwoordend aan die Groter Gemeenskap"

◆

Studeer Die Groter Gemeenskap Weg van Kennis

Om Die Groter Gemeenskap Weg van Kennis te leer bring jou in direk kontak met die dieper geestelike verstand wat die Skepper van alle lewe binne jou geplaas het. Dit is op die vlak van hierdie dieper verstand buite ons intellek, op die vlak van Kennis, dat jy veilig is van inmenging en manipulering van enige wêreldlike of Groter Gemeenskap krag. Kennis hou ook vir jou jou groter geestelike doel om op hierdie tyd in die wêreld te kom. Dit is die sentrum van jou geestelikheid. Jy kan vandag jou reis in Die Groter Gemeenskap Weg van Kennis begin deur om die studie van Stappe na Kennis aanlyn by www.newmessage.org/af te begin.

AANBEVOLE LESING

- Groter Gemeenskap Geestelikheid, Hoofstuk 4: "Wat is Kennis?"

- Lewend Die Weg van Kennis: Alle hoofstukke
- Studie van Stappe na Kennis: Die Boek van Innerlike Wete

◆

Vorm 'n Bondgenote Leesgroep

Om 'n positiewe omgewing te skep waar die Bondgenote materiaal diep beskou kan wees, sluit aan by andere om 'n Bondgenote Leesgroep te vorm. Ons het gevind dat wanneer mense die Bondgenote Briefings en die boeke van Die Groter Gemeenskap Weg van Kennis luid lees met andere in 'n ondersteunende groep omgewing en vry is om vrae en insigte mee te deel as hulle doen, hulle begrip van die materiaal groei beduidend. Hierdie is een manier om te begin om andere te vind wat jou bewustheid en begeer om die waarheid te weet oor die Ingryping meedeel.

AANBEVOLE LESING

- Wysheid van die Groter Gemeenskap Volume II, Hoofstuk 10: "Groter Gemeenskap Besoekings," Hoofstuk 15: "Antwoordend aan die Groter Gemeenskap," Hoofstuk 17: "Besoekers se Persepsies van die Mensdom," en Hoofstuk 28: "Groter Gemeenskap Werklikhede"
- Die Bondgenote van die Mensdom Boek Twee: Alle hoofstukke

◆

Bewaar en beskerm die omgewing.

Met elke verbygaande dag, ons leer meer en meer or die behoefte om ons natuurlike omgewing te bewaar, beskerm en herstel. Selfs as die Ingryping nie bestaan het nie, sou hierdie nogal 'n prioriteit wees. Tog gee die Bondgenote se boodskap nuwe beweegkrag en 'n nuwe begrip vir die behoefte om 'n volhoubare gebruik van ons wêreld se natuurlike hulpbronne te skep. Word bewus van hoe jy leef en wat jy gebruik en vind wat jy kan doen om die omgewing te ondersteun. As die Bondgenote beklemtoon, ons self-genoegsaamheid as 'n ras sal noodsaaklik wees om ons vryheid en bevordering te beveilig in 'n Groter Gemeenskap van intelligente lewe.

AANBEVOLE LESING

- Wysheid van die Groter Gemeenskap Volume I, Hoofstuk 14: "Wêreld Evolusie"
- Wysheid van die Groter Gemeenskap Volume II, Hoofstuk 25: "Omgewinge"

◆

Versprei die boodskap oor Die Bondgenote van die Mensdom Briefings.

Jou meedeel van die Bondgenote se boodskap met andere is vitaal belangrik vir die volgende rede:

— Jy help breek die verdofende stilheid wat omring die werklikheid en spookbeeld van die buiteaardse Ingryping.

— Jy help breek die isolasie wat hou mense terug van met mekaar te verbind oor hierdie groot uitdaging.

— Jy ontwaak diegene wat onder die invloed van die Pasifikasie Program geval het, geweend vir hulle 'n kans om hulle eie verstande te gebruik om die betekenis van hierdie verskynsel weer te evalueer.

— Jy versterk die besluit binne in jouself en binne in andere om nie in te gee aan vrees of vermyding om die groot uitdaging van ons tyd te nakom nie.

— Jy bring bevestiging vir ander mense se eie insigte en Kennis oor die Ingryping.

— Jy help stig die weerstand wat die Ingryping kan dwarsboom en verkondig die bemagtiging wat die eenheid en sterkte om ons eie Reëls van Inwikkeling vir die mensdom kan gee.

HIER IS SOMMIGE KONKRETE STAPPE WAT JY VANDAG KAN NEEM:

— Deel hierdie boek en sy boodskap met andere. Die hele eerste stel briefings is nou beskikbaar om te lees en te aflaai met geen koste by die Bondgenote webwerf: www .alliesofhumanity.org/af

— Lees die Verklaring van Menslike Soewereinteit en deel hierdie waardevolle dokument met andere. Dit kan aanlyn gelees en afdruk wees by www.humansovereignty.org.

— Aanmoedig jou lokale boekwinkel en biblioteek om beide volumes van Die Bondgenote van die Mensdom en die ander boeke deur Marshall Vian Summers te dra. Hierdie vermeerder toegang na die materiaal vir ander lesers.

— Deel die Bondgenote materiaal en perspektief en bestaande aanlyn forums en bespreekgroepe wanneer vanpas ook al.

— Besoek verwante konferensies en vergaderings en deel die Bondgenote se perspektief.

— Vertaal die Bondgenote van die Mensdom Briefings. As jy veeltalig is, asseblief oorweeg om te help om die Briefings te vertaal ten einde om hulle beskikbaar te maak vir meer lesers rondom die wêreld.

— Kontak New Knowledge Library om 'n gratis Bondgenote
advokaatskap pakkie te ontvang met materiale wat jou kan
help om hierdie boodskap met andere te deel.

AANBEVOLE LESING

- Lewend die Weg van Kennis, Hoofstuk 9: "Delend die Weg
  van Kennis met Andere"
- Wysheid van die Groter Gemeenskap, Volume II, Hooftuk
  19: "Dapperheid"

◆

Hierdie is geen geval 'n volledige lys nie. Dit is net 'n begin. Kyk
na jou eie lewe en sien watter geleenthede daar mag bestaan, en wees
oop vir jou eie Kennis in insigte op hierdie saak. In byvoeging vir
die dinge wat bo gelys is te doen, mense het alreeds kreatiewe wae
gevind om die Bondgenote se boodskap te uitdruk—deur kuns, deur
musiek, deur digkuns. Vind jou weg.

BOODSKAP VAN
MARSHALL VIAN SUMMERS

◆

Vir die verlede 25 jaar, is ek in 'n godsdienstige ervaring ingesteek. Hierdie het uitleenloop in my ontvang van 'n uitgestrekte versameling van lerings oor die natuur van menslike geestelikheid en die mensdom se bestemming binne 'n groter panorama van intelligente lewe in die heelal. Hierdie lerings, omvat in die Lering in Die Nuwe Boodskap, bevat 'n teologiese fraamwerk wat die lewe en die teenwoordigheid van God in die Groter Gemeenskap, die groot uitspansel van ruimte en tyd wat ons ken as ons heelal, verduidelik.

Die kosmologie wat ek ontvang het bevat baie boodskappe, een daarvan dat die mensdom opkomend in 'n Groter Gemeenskap van intelligente lewe is en hiervoor moet ons voorberei. Onafskeidelik in hierdie boodskap is die begrip dat die mensdom nie alleen in die Heelal is of selfs in ons eie wêreld nie. En dat in hierdie Groter Gemeenskap, die mensdom sal vriende, mededingers en vyande hê.

Hierdie groter werklikheid was dramaties bevestig deur die skielike en onverwagte transmissie van die eerste stel Bondgenote van die Mensdom Briefings in 1997. Drie jaar vroeër in 1994, ek het die teologiese fraamwerk vir die begrip van die Bondgenote van Mensdom ontvang in my boek *Groter Gemeenskap Geestelikheid—'n Nuwe Openbaring*. Op daardie punt, as 'n gevolg van my geestelike werk en skrywings, het dit bekend vir my geword dat die mensdom bondgenote hê in die Heelal wat besorgd oor die welstand en toekomstige vryheid van ons ras is.

Binne die groeiende kosmologie wat vir my geopenbaar word, was die begrip dat, in die geskiedenis van intelligente lewe in die Heelal, etiese-bevorderde rasse het 'n verpligting gehad om hulle wysheid na te laat vir jong opkomende rasse soos ons eie s'n, en dat hierdie nalating moet plekneem sonder direk inmenging of ingryping in die sake van daardie jong ras. Die voorneme hier is te inlig, nie om te inmeng nie. Hierdie "nalating van wysheid" verteenwoordig 'n lank-bestaandende etiese fraamwerk betreffend Kontak met opkomende rasse en hoe dit bestuur moet wees. Die twee stel van die Bondgenote van die Mensdom Briefings is 'n helder toning van hierdie voorbeeld van nie-inmenging en etiese Kontak. Hierdie voorwerp behoort om 'n leidende lig en 'n standerd waaraan ons behoort om te verwag dat ander rasse sou hou in hul poging om ons te kontak of ons wêreld te besoek. Tog staan hierdie toning van etiese Kontak in bloot kontras met die Ingryping wat gebeur nou in die wêreld vandag.

Ons beweeg in tot 'n posisie van uiters kwesbaarheid. Met die spookbeeld van hulpbronsvermindering, ongewings verlaging en die risiko van 'n verder verdeling van die mensefamilie groeiend elke dag, ons is ryp vir Ingryping. Ons leef in oëskynlik isolasie in 'n ryk en waardevolle wêreld wat deur andere van buite ons kuste gesoek word. Ons is afgetrokke en verdeel en sien nie die groot gevaar ingrypend by ons grense. Dit is 'n verskynsel wat die geskiedenis weer en weer herhaal het betreffend die noodlot van geïsoleerde inheemse volke wat ingryping vir die eerste keer in die gesig gestaar het. Ons is onrealisties in ons aanname oor die magte en goedgunstigheid van intelligente lewe in die Heelal. En ons slegs nou begin om die voorraad te neem van die toestand wat ons vir onsself in ons eie wêreld geskep het.

Die onpopulêre waarheid is dat die mensdom nie gereed vir 'n direk ervaring van Kontak is en seker nie gereed vir 'n ingryping is nie. Ons moet eers ons eie koninkryk in orde bring. Ons het nog nie die rypheid as 'n spesie om met ander rasse in die Groter Gemeenskap van 'n posisie van eenheid, sterkte en onderskeiding in te wikkel nie. En totdat ons so 'n posisie kan bereik, as ons ooit kan, dan behoort geen ras om te probeer om direk in ons wêreld te meng nie. Die Bondgenote voorsien ons grootliks benodige wysheid en perspektief, tog ingryp hulle nie. Hulle sê vir ons dat ons noodlot is en behoort om in ons hande te wees. Sulke is die las van vryheid in die Heelal.

Ongeag ons gebrek van gereedheid, hoewel, Ingryping gebeur nou. Die mensdom moet nou berei voor vir hierdie, die mees beslissende draaipunt in die mensegeskiedenis. Eerder as net kasuele betuienisse van hierdie verskynsel te wees, ons is by die sentrum daarvan. Dit gebeur of ons bewus daarvan is of nie. Dit het die mag om die uitkoms vir die mensdom te verander. En dit het alles om te doen met wie ons is en waarom ons in die wêreld op hierdie tyd is. Die Groter Gemeenskap Weg van Kennis is gegee om beide die lering en die voorbereiding te voorsien wat ons nou nodig om hierdie groot draaipunt onder die oë te sien, om die mensegees te hernuwe en 'n nuwe koers te stel vir die mensefamilie. Dit spreek aan die dringede behoefte vir menslike eenheid en samewerking, die voorrang van Kennis, ons geestelike intelligensie, en die groter verantwoordelikhede wat ons nou moet aanneem by die drumpel van die ruimte. Dit verteenwoordig 'n Nuwe Boodskap van die Skepper van alle lewe.

My sending is om hierdie groter kosmologie en voorbereiding in die wêreld te bring en saam daarmee, 'n nuwe hoop en belofte vir 'n sukkelende mensdom. My lang voorbereiding en die onmeetlike lering in die Nuwe Boodskap is hier vir hierdie doel. Die Bondgenote van die Mensdom Briefings is maar 'n klein deel van hierdie groter boodskap. Nou is dit tyd om ons onophoudelike konflikte te eindig en voor te berei vir lewe in die Groter Gemeenskap. Om hierdie te doen, nodig ons 'n nuwe begrip van onsself as een volk, die inheemse volk van hierdie wêreld, van een geestelikheid gebore, en van ons wondbare posisie as 'n jong, opkomende ras in die Heelal. Hierdie is my boodskap vir die mensdom en hierdie is waarom ek gekom het.

MARSHALL VIAN SUMMERS
2008

Aanhangsel

◆

DEFINISIE VAN TERME

$$\diamond$$

DIE BONDGENOTE VAN DIE MENSDOM: 'n Klein groep fisiese wesens van die Groter Gemeenskap wat verborg in die nabyheid van ons wêreld is. Hulle sending is om te waarneem, rapporteer en ons te aanraai op die bedrywighede van die buiteaardse besoekers en ingryping in die wêreld vandag.

DIE BESOEKERS: Etlike ander rasse van die Groter Gemeenskap wat ons wêreld sonder ons toestemming "besoek" wat aktief in mense se sake inmeng. Die besoekers is betrokke in 'n lang proses van hulleself in tot die fabriek en siel van mense se lewe te integreer vir die doel van beheersing te neem van die wêreld se hulpbronne en mense.

DIE INGRYPING: Die buiteaardse besoekers se teenwoordigheid, doel en bedrywighede in die wêreld.

DIE PASIFIKASIE PROGRAM: Die besoekers se program van oorreding en invloed gerig om mense se bewustheid en onderskeiding van die Ingryping te ontwapen ten einde om die mensdom lydend en toegewend te maak.

DIE GROTER GEMEENSKAP: Die ruimte. Dit uitgestrekte fisiese en geestelike heelal waarin die mensdom opkomend is, wat intelligente lewe en ontelbare tonings bevat.

DIE ONSIGBARES: Die Engele van die Skepper wat die geestelike ontwikkeling van gevoelende wesens dwarsdeur die Groter Gemeenskap oorsien. Die Bondgenote noem hulle "Die Onsigbares".

MENSLIKE BESTEMMING: Die mensdom is bestem om in die Groter Gemeenskap op te kom. Hierdie is ons evolusie.

DIE KOLLEKTIEFS: Ingewikkelde hierargiese organisasies uitgemaak van etlike alien rasse wat saamgebind deur 'n gemene getrouheid is. Daar is meer as een kollektief teenwoordig in die wêreld vandag waarna die buiteaardse besoekers behoort. Hierdie kollektiefs het mededingende agendas.

DIE VERSTANDELIKE OMGEWING: Die omgewing van gedagte en verstandelike invloed.

KENNIS: Die geestelike intelligensie wat leef binne in elke persoon. Die Bron van alles wat ons weet. Aangebore begrip. Ewige wysheid. Die tydelose deel van ons wat nie beïnvloed, gemanipuleer of gekorrupteer kan word nie. 'n Potensiaal in alle intelligente lewe. Kennis is God en jou en God is alle Kennis in die heelal.

DIE WAE VAN INSIG: Etlike lerings in Die Weg van Kennis wat in baie wêrelde in die Groter Gemeenskap geleer word.

DIE GROTER GEMEENSKAP WEG VAN KENNIS: 'n Geestelike lering van die Skepper wat in baie plekke in die Groter Gemeenskap geoefen word. Dit leer hoe om Kennis te ervaar en uitdruk en hoe om individuele vryheid in die heelal te bewaar. Hierdie lering is hierheen gestuur om die mensdom voor te berei vir die werklikhede van die lewe in die Groter Gemeenskap.

KOMMENTARE OP
DIE BONDGENOTE VAN
DIE MENSDOM

◆

Ek was grootliks beïndruk met die Bondgenote van die Mensdom ... want die boodskap klink waar. Radar kontakte, grond effekte, videotape en film alles bewys dat UFOs werklik is. Die Bondgenote van die Mensdom kragtig konfronteer hierdie saak, wat mag kritiek bewys vir die toekoms van die mensdom."

— JIM MARRS, skrywer van
Alien Agenda en *Rule by Secrecy*

In lig van dekades gespandeer studerend albei channeling en ufologie/extraterrestriologie, ek het 'n baie positiewe reagering vir albei Summers as 'n channel en vir die boodskap van sy aanmelde bronne in hierdie boek. Ek is diep beïndruk met sy integriteit as 'n mens, as 'n agees, en as 'n ware channel. En hulle boodskap en manier, albei Summers en sy bronne oortuigend toon vir my 'n ware diens-vir-ander oriëntering. Terwyl ernstig en waarskuwend in stemming, hierdie boek se boodskap verlewendig my gees met die belofte van die wondere wat ons spesies afwag as ons die Groter Gemeenskap aansluit. Ons moet op dieselfde tyd ons geboortereg verhouding met ons Skepper vind en toegang kry daarna om te verseker dat ons nie oordrewe gemanipuleer of gebruik word deur sommige lede van daardie groter gemeenskap in die proses nie."

— JON KLIMO, skrywer van
*Channeling: Investigations on
Receiving Information from
Paranormal Sources*

Studerend die UFO/Alien Ontvoering verskynsel vir meer as 30 jare het soos 'n groot legspel saam te voeg. Jou boek, oplaas, gee vir my 'n fraamwerk om die oorblywende stukke te laat pas."

— ERICK SCHWARTZ,
LCSW, California

Is daar 'n vrye middagete in die heelal? Die Bondgenote van die Mensdom herinner ons baie kragtig, daar is nie."

— ELAINE DOUGLASS,
MUFON Medestaat direkteur,
Utah

Die Bondgenote sal 'n groot weerklank hê onder die Spaanssprekende bevolking rondom die wêreld. Ek kan hierdie verseker! So baie mense, nie slegs in my land nie, veg vir hulle regte om hulle kulture te bewaar! Jou boeke bevestig net wat hulle probeer ons in so baie maniere vertel, vir so 'n lank tyd."

—INGRID CABRERA, Mexico

Hierdie boek het diep binne in my geresoneer. Vir my, [*Die Bongenote van die Mensdom*] is niks minder as grondbrekend. Ek eer die kragte, menslik en andersins, wat hierdie boek tot bestaan gebring het, en ek bid dat sy dringende waarskuwing oppas word.

—RAYMOND CHONG, Singapore

Baie van die Bondgenote materiaal resoneer met wat ek geleer het, of voel instinktief om waar te wees."

— TIMOTHY GOOD, Britse UFO navorser, skrywer van *Beyond Top Secret* en *Unearthly Disclosure*

VERDER STUDIE

◆

*D*IE *BONDGENOTE VAN DIE MENSDOM* bespreek fondamentele vrae oor die werklikheid, natuur en doel van die buiteaardse teenwoordigheid in die wêreld vandag. Hoewel, hierdie boek bring baie meer vrae wat deur verder studie ondersoek moet wees. Sodanig dien dit as 'n katalisator vir groter bewustheid en 'n roeping na aksie.

Om meer te leer, is daar twee bane wat die leser kan volg, óf apart of saam. Die eerste baan s die studie van die UFO/ET verskynsel self, wat oor die laaste vier dekades wyd gedokumenteer is deur navorsers verteenwoordigend etlike verskillende perspektiewe. In die volgende bladsye het ons sommige belangrike hulpmiddels op hierdie vak gelys wat ons voel besonder toepaslik aan die Bondgenote materiaal is. Ons moedig alle lesers aan om meer ingelig oor hierdie verskynsel te word.

Die tweede baan is vir lesers wat die geestelike implikasies van die verskynsel en wat jy persoonlik kan doen om voor te berei, te ondersoek. Vir hierdie ons aanbeveel die skrywings van MV Summers wat in die volgende bladsye gelys is.

Om ingelig te bly oor nuwe materiale verwant aan die Bondgenote van die Mensdom, kuier asseblief by die Bondgenote webwerf by: www.alliesofhumanity.org/af. Vir meer inligting oor Die

Groter Gemeenskap Weg van Kennis, kuier asseblief by: www.newmessage.org/af.

ADDISIONELE HULPMIDDELS

$$\blacklozenge$$

Hieronder is 'n voorlopige lys van hulpmiddels op die vak van die UFO/ET versksynsel. Dit is nie voorgenome om 'n volledige literatuurlys op die vak te wees nie, net 'n plek om te begin. Nadat jou navorsing in die werklikheid van die verskynsel begin het, sal daar meer en meer materiale wees vir jou om te ondersoek, albei deur hierdie en ander bronne. Onderskeiding word altyd aangeraai.

BOEKE

Berliner, Don: *UFO Briefing Document*, Dell Publishing, 1995.

Bryan, C.D.B.: *Close Encounters of the Fourth Kind: Alien Abduction, UFOs and the Conference at MIT*, Penguin, 1996.

Dolan, Richard: *UFOs and the National Security State: Chronology of a Coverup*, 1941-1973, Hampton Roads Publishing, 2002.

Fowler, Raymond E.: *The Allagash Abductions: Undeniable Evidence of Alien Intervention*, 2nd Edition, Granite Publishing, LLC, 2005.

Good, Timothy: *Unearthly Disclosure*, Arrow Books, 2001.

Grinspoon, David: *Lonely Planets: The Natural Philosophy of Alien Life*, Harper Collins Publishers, 2003.

Hopkins, Budd: *Missing Time*, Ballantine Books, 1988.

Howe, Linda Moulton: *An Alien Harvest*, LMH Productions, 1989.

Jacobs, David: *The Threat: What the Aliens Really Want*, Simon & Schuster, 1998.

Mack, John E.: *Abduction: Human Encounters with Aliens*, Charles Scribner's Sons, 1994.

Marrs, Jim: *Alien Agenda: Investigating the Extraterrestrial Presence Among Us*, Harper Collins, 1997.

Sauder, Richard: *Underwater and Underground Bases*, Adventures Unlimited Press, 2001.

Turner, Karla: *Taken: Inside the Alien-Human Abduction Agenda*, Berkeley Books, 1992.

DVDs

The Alien Agenda and the Ethics of Contact with Marshall Vian Summers, MUFON Symposium, 2006. Available through New Knowledge Library.

The ET Intervention and Control in the Mental Environment, with Marshall Vian Summers, Conspiracy Con, 2007. Available through New Knowledge Library.

Out of the Blue: The Definitive Investigation of the UFO Phenomenon, Hanover House, 2007.

WEBWERWE

www.alliesofhumanity.org/af

www.newmessage.org/af

www.humansovereignty.org

UITTREKSELS VAN DIE BOEKE VAN DIE NUWE BOODSKAP VAN GOD

"Jy is nie net 'n mens in hierdie een wêreld nie. Jy is 'n bewoner van die Groter Gemeenskap van wêrelde. Hierdie is die fisiese heelal wat jy deur jou sintuie kan herken. Dit is ver groter as jy nou kan begryp... Jy is 'n bewoner van 'n groter fisiese heelal. Hierdie beken nie slegs jou Afkoms en jou Erfenis maar ook jou doel in die lewe op hierdie tyd, want die wêreld van die mensdom groei in tot die lewe van die Groter Gemeenskap van wêrelde. Hierdie is vir jou bekend, hoewel jou oortuigings mag nog nie reken daarvoor nie."

> — *Stappe na Kennis*
> Stap 187: Ek is 'n bewoner van die
> Groter Gemeenskap van Wêrelde

"Jy het op 'n groot draaipunt in die wêreld gekom, 'n draaipunt wat jy net deel daarvan in jou eie leeftyd sal sien. Dit is 'n draaipunt waar jou wêreld kry kontak met die wêrelde in sy nabyheid. Hierdie is die natuurlike evolusie van die mensdom, as dit die natuurlike evolusie is van alle intelligente lewe in alle wêrelde."

> — *Stappe na Kennis:*
> Stap 190: Die wêreld is opkomend

153

in die Groter Gemeenskap
van wêrelde en hierdie is
waarom ek gekom het

"Jy het groot vriende buite die wêreld. Die is waarom die mensdom soek om die Groter groter wydte van sy ware verhoudings. Jy het ware vriende buite die wêreld want jy is nie alleen in die wêreld en jy is nie alleen in die Groter Gemeenskap van wêrelde nie. Jy het vriende buite hierdie wêreld want jou Geestelike Familie het sy verteenwoordigers orals. Jy het vriende buite hierdie wêreld want jy werk nie net op die evolusie van jou wêreld nie maar op die evolusie van die heelal ook. Buite jou verbeelding, buite jou begripsvermoëns, hierdie is alte seker waar."

— *Stappe na Kennis:*
Stap 211: Ek het groot vriende
buite hierdie wêreld.

"Reageer nie met hoop nie. Reageer nie met vrees nie. Reageer met Kennis."

— *Wysheid van die Groter
Gemeenskap Volume II*
Hoofstuk 10: Groter Gemeenskap
Besoeke

"Waarom gebeur hierdie?" Wetenskap kan nie dit beantwoord nie. Redelikheid kan nie dit beantwoord nie. Wensdenkery kan nie dit beantwoord nie. Vreesvolle self-beskerming kan nie dit beantwoord nie. Wat kan dit beantwoord? Jy moet hierdie vraag vra met 'n verskillende soort verstand, sien met verskillende soorte oë en hê 'n verskillende ervaring hier."

— *Wysheid van die Groter*
Gemeenskap Volume II
Hoofstuk 10: Groter Gemeenskap
Besoeke

"Nou moet jy van God in die Groter Gemeenskap dink—nie 'n menslike God nie, nie 'n God van jou geskrywe geskiedenis nie, nie 'n God van jou beproewings en moeilikhede nie, maar 'n God vir alle tyd, vir alle rasse, vir alle dimensies, vir diegene wat primitief is en vir diegene wat bevorderd is, vir diegene wat dink soos jou en vir diegene wat so verskillend dink, vir diegene wat glo en vir diegene waarvoor geloof onverklaarbaar is. Hierdie is God in die Groter Gemeenskap. En hierdie is waar jy moet begin."

— *Groter Gemeenskap Geestelikheid*
Hoofstuk 1: Wat is God?

"Jy is benodig in die wêreld. Dit is tyd om voor te berei. Dit is tyd om gefokus en vasberade te word. Daar is geen ontsnapping van hierdie nie, want net diegene wat ontwikkeld in Die Weg van Kennis is sal vermoë hê in die toekoms en sal in staat wees om hulle vryheid te volhou in 'n verstandelike omgewing wat meer en meer deur die Groter Gemeenskap beïnvloed is."

— Lewend die Weg van Kennis:
Hoofstuk 6: Die Pilaar van
Geestelike Ontwikkeling

"Daar is geen helde hier nie. Daar is niemand om aan te bied nie. Daar is 'n fondasie om te bou. Daar is werk om te doen. Daar is 'n voorbereiding om deur te gaan. En daar is 'n wêreld om te dien."

— Lewend die Weg van Kennis:
Hoofstuk 6: Die Pilaar van
Geestelike Ontwikkeling

"Die Groter Gemeenskap Weg van Kennis word in die wêreld opgelewer, waar dit onbekend is. Dit het geen geskiedenis en geen agtergrond hier nie. Mense is nie gewoond daaraan. Dit pas nie noodwendig met hulle idees, oortuigings of verwagtings nie. Dit konformeer nie aan die wêreld se tanse godsdienstige begrip nie. Dit kom in 'n nake vorm—sonder rituaal en praal, sonder rykdom en oorvloed. Dit is soos 'n kind in die wêreld. Oëblyklik is dit kwesbaar, en tog verteenwoordig dit 'n Groter Werklikheid en 'n groter belofte vir die mensdom."

— Groter Gemeenskap Geestelikheid:
Hoofstuk 22: Waar kan Kennis gevind
wees?

"Daar is diegene in die Groter Gemeenskap wat meer magtig as julle is. Hulle kan julle verskalk, maar net as jy nie kyk nie. Hulle kan jou verstand raak, maar hulle kan nie dit beheer nie as jy met Kennis is."

— Lewend die Weg van Kennis:
Hoofstuk 10: Wees Teenwoordig in die Wêreld

"Die mensdom leef in 'n baie groot huis. Deel van die huis is aan die brand. En andere besoek hier om te bepaal hoe die vuur vir hulle eie voordeel uitgedoof kan word."

— Lewend die Weg van Kennis:
Hoofstuk 11: Berei voor vir die Toekoms

"Gaan uit op 'n helder nag en kyk op. Jou bestemming is daar. Jou moeilikhede is daar. Jou geleenthede is daar. Jou verlossing is daar."

— Groter Gemeenskap Geestelikheid:
Hoofstuk 15: Wie Dien die Mensdom?

"Moet nooit aanneem dat daar 'n groter logika in 'n bevorderde ras is nie, tensy dit sterk met Kennis is. Feitlik, hulle kan so gefortifiseer teen Kennis wees as julle is. Oue gewoontes, rituale, structure en gesagte moet uitgedaag wees deur die bewys van Kennis. Die is hoekom selfs in die Groter Gemeenskap, die man of vrou van Kennis 'n magtige krag is."

— Stappe na Kennis:
Hoër Vlakke

"Jou vreesloosheid in die toekoms moet nie van veinsing gebore wees nie, maar van jou sekerheid in Kennis gebore wees. In hierdie manier, sal jy 'n skuilplek van vrede en 'n bron van rykdom vir andere wees. Hierdie is wat jy bedoel is om te wees. Hierdie is hoekom jy in die wêreld gekom het."

— *Stappe na Kennis:*
Stap 162: Vandag sal ek nie bang wees nie.

"Dit is nie 'n maklike tyd om in die wêreld te wees nie, maar as bydrae jou doel en voorneme is, dit is die regte tyd om in die wêreld te wees."

— *Groter Gemeenskap Geestelikheid:*
Hoofstuk 11: Waarvoor Is Jou Voorbereiding?

"Ten einde vir jou om jou sending uit te voer, jy moet groot bondgenote hê omdat God weet jy kan dit nie alleen doen nie."

— *Groter Gemeenskap Geestelikheid*
Hoofstuk 12: Wie Sal Jy Ontmoet?

"Die Skepper sou nie die mensdom verlaat sonder 'n voorbereiding vir die Groter Gemeenskap. En hiervoor word Die Groter Gemeenskap Weg van Kennis opgelewer. Dit is van die Groot Wil van die heelal gebore. Dit word deur die Engele van die heelal komunikeer, wat die opkoming van Kenis orals diene en wat verhoudings ontwikkel wat Kennis orals kan beliggaam. Hierdie werk is die werk van die Goddelik in die wêreld, nie om jou na die Goddelik toe te bring, maar om jou na die wêreld toe te bring, want die wêreld het jou nodig. Dit is hoekom jy hiernatoe gestuur was. Dit is hoekom jy gekies het om te kom. En jy het gekies om te kom om die wêreld se opkoming in die Groter Gemeenskap te dien en ondersteun, want dit is op hierdie tyd die groot behoefte van die mensdom, en in die komende tye sal daardie groot behoefte al die behoefte van die mensdom oorskadu."

— *Groter Gemeenskap Geestelikheid:*
Inleiding

OOR DIE SKRYWER

$\blacklozenge$

Alhoewel hy min bekend in die wêreld vandag is, Marshall Vian Summers mag uiteindelik as die mees beduidende geestelike onderwyser in ons lewenstyd op te kom, beskou wees. Vir meer as twintig jare het hy in stilte 'n geestelikheid geskryf en geleer wat herken die onontkenbare werklikheid dat die mensdom leef in 'n uitgestrekte en bevolkte heelal en nou dringend nodig het om voor te berei vir sy opkoming in 'n Groter Gemeenskap van intelligente lewe.

MV Summers leer die dissipline van Kennis, of innerlike wete. "Ons diepste intuïsie", hy sê, "is net 'n uitwendige uitdrukking van die groot mag van Kennis." Sy boeke *Stappe na Kennis: Die Boek van Innerlike Wete*, wenner van die Jaar 2000 Boek van die Year Prys vir Spiritualiteit in die Verenigde State, en *Groter Gemeenskap Geestelikheid: 'n Nuwe Openbaring* saam bevat 'n fondasie wat as die eerste "Teologie van Kontak" beskou kan wees. Die hele bestaan van sy werk, ongeveer twintig volumes, net 'n handvol waarvan tans deur die New Knowledge Library gepubliseer is, mag regtig sommige van die oorspronklikste en bevorderde geestelike lerings om in die moderne geskiedenis op te kom, beskou wees. Hy is ook die grondlegger van Die Genootskap vir Die Groter Gemeenskap Weg van Kennis, 'n godsdienstige organisasie sonder winsoorgmerk.

Met *Die Bondgenote van die Mensdom,* Marshall Vian Summers word dalk die eerste groot geestelike onderwyser om 'n helder waarskuwing te gee oor die ware natuur van die Ingryping wat nou in die wêreld gebeur, roepend vir persoonlike verantwoordelikheid, voorbereiding, en kollektiewe bewustheid. Hy het sy hele lewe toegewy aan Die Groter Gemeenskap Weg van Kennis te ontvang, 'n gawe vir die mensdom van die Skepper. Hy is toegewy aan hierdie Nuwe Boodskap van God in die wêreld te bring. Om oor die Nuwe Boodskap van God aanlyn te lees, asseblief besoek www.newmessage.org/af.

OOR DIE GENOOTSAKP

Die Genootskap vir Die Groter Gemeenskap Weg van Kennis het 'n groot sending in die wêreld. Die Bondgenote van die Mensdom het die problem van die Ingryping en alles wat dit voorspel opgelewer. In reagering aan hierdie ernstige uitdaging, 'n oplossing word gegee in die geestelike lering wat Die Groter Gemeenskap Weg van Kennis genoem word. Hierdie lering voorsien die Groter Gemeenskap perspektief en geestelike voorbereiding wat die mensdom sal nodig het ten einde om ons reg van self-bepaling te volhou en suksesvols ons plek neem as 'n opkomende wêreld in 'n groter heelal van intelligente lewe.

Die sending van Die Genootskap is om hierdie Nuwe Boodskap vir die mensdom te oplewer deur sy publikasies, internet webwerwe, onderwysings programme en beskouende dienste en toevlugte. Die Genootskap se doelwit is om manne en vroue van Kennis te ontwikkel wat die eerste sal wees om 'n Groter Gemeenskap voorbereiding in die wêreld vandag te pioneer en te begin om 'n die impak van die Ingryping te werk teë. Hierdie manne en vroue sal verantwoordelik wees om Kennis e nwysheid lewende in die wêreld te hou as die stryd vir die mensdom se vryheid verhoog. Die Genootskap was in 1992 deur Marshall Vian Summers as 'n godsdienstige organisasie sonder winsoogmerk gefondeer. Deur die jare, 'n groep van toegewye studente het vergader om hom direk te bystaan. Die Genootskap het ondersteun en volgehou gewees deur hierdie kern van toegewye studente wat toegewy is om 'n nuwe geestelike bewustheid en voorbereiding in die wêreld te bring. Die Genootskap se sending verg die ondersteuning en deelneming van baie meer mense. Aangesien die gewigtigheid van die wêreld se toestand, daar is 'n dringende behoefte vir Kennis en voorbereiding. Dus, roep Die Genootskap manne en vroue orals om ons te bystaan om die gawe van hierdie Nuwe Boodskap vir die wêreld die gee op hierdie beslissende draaipunt in ons geskiedenis.

As 'n godsdienstige organisasie sonder winsoogmerk, Die Genootskap het ook heeltemal deur vrywillige bedrywigheid, tiendes en bydrae ondersteun gewees. Hoewel, die groeiende behoefte om mense rondom die wêreld te bereik en voorberei oorskry Die Genootskap se vermoë om sy sending te vervul. Jy kan 'n deel van hierdie sending word deur jou bydrae. Deel die Bondgenote se boodskap met andere. Help om bewustheid te verkondig van die feit data ons een vol ken een wêreld opkomend in 'n groter arena van intelligente lewe is. Word 'n student van Die Weg van Kennis. En as jy in 'n posisie is om 'n weldoener vir hierdie groot onderneming te wees of as jy iemand ken wat is, asseblief kontak Die Genootskap. Jou bydrae is benodig nou ten einde om die verspreiding van die Bondgenote se beslissende boodskap wêreldwyd moontlik te maak en te help om die gety vir die mensdom om te draai.

◆

"Jy staan op die draaipunt van
iets van die grootste grootte te ontvang—
iets wat benodig in die wêreld is,
iets wat na die wêreld
oorgedra en na die wêreld
vertaal word.

Jy is onder die eerste
wat hierdie sal ontvang.

Ontvang dit wel."

GROTER GEMEENSKAP GEESTELIKHEID

THE SOCIETY FOR THE GREATER COMMUNITY WAY OF
KNOWLEDGE

P.O. Box 1724 • Boulder, CO 80306-1724
(303) 938-8401, fax (303) 938-1214
society@newmessage.org
www.alliesofhumanity.org   www.newmessage.org
www.alliesofhumanity.org/af   www.newmessage.org/af

OOR DIE PROSES
VAN VERTALING

Die Boodskapper, Marshall Vian Summers, ontvang sedert 1983 'n Nuwe Boodskap van God. Die Nuwe Boodskap van God is die grootste Openbaring wat ooit vir die mensdom gegee is, gegee nou vir 'n letterkundige wêreld van globale kommunikasie en groeiende globale bewustheid. Dit is nie vir een volkstam, een nasie of een godsdiens alleenlik gegee nie, maar pleks daarvan om die hele wêreld te reik. Hierdie het vir baie vertalings in so baie tale as moontlik geroep.

Die proses van Openbaring word nou vir die eerste keer in die geskiedenis geopenbaar. In hierdie opmerklike proses, kommunikeer die Teenwoordigheid van God verby woorde na die Engelagtige Vergadering wat die wêreld oorsien. Daarna vertaal die Vergadering hierdie kommunikasie in mensetaal en praat almal as een deur hulle Boodskapper, wie se stem die voertuig word vir hierdie groter Stem – die Stem van Openbaring. Hulle woorde word in Engels gepraat en direk in audio vorm opgeneem, dan oorskrywe en beskikbaar gemaak in die tekste en audio opnames van die Nuwe Boodskap. In hierdie manier, word die suiwerheid van God se oorspronlike Boodskap bewaar en kan vir alle mense gegee word.

Tog is daar 'n proses van vertaling ook. Omdat die oorspronklike Openbaring in die Engelse taal afgelewer was, is hierdie die basis vir alle vertalings in die baie tale van die mensdom.

Omdat daar baie tale is wat in ons wêreld gepraat word, is vertalings vitaal benodig om die Nuwe Boodskap na mense orals te bring.

Deur tyd het studente van die Nuwe Boodskap voortgekom om te vrywillig om die Boodskap in hulle inheemse tale te vertaal.

Op hierdie tyd in die geskiedenis, Die Vereniging kan nie bekostig om te betaal vir vertalings in so baie tale en vir so 'n uitgestrekte Boodskap nie, 'n Boodskap wat die wêreld met kritieke dringendheid moet reik. Buite hierdie, glo Die Vereniging ook dat dit belangrik is vir ons vertalers studente van die Nuwe Boodskap te wees om te verstaan en te ervaar, soveel as moontlik, die wese van wat vertaal word.

Aangesien die dringendheid en behoefte om die Nuwe Boodskap dwarsdeur die wêreld te deel, ons uitnooi vertalings bystand om die bereik van die Nuwe Boodskap in die wêreld uit te strek, bringend meer van die Openbaring in tale waarin vertaling alreeds begin het en inleidend nuwe tale ook. Met tyd ons soek ook om die kwaliteit van hierdie vertalings te verbeter. Daar is nog steeds soveel om te doen.

Boeke van die Nuwe Boodskap van God

God Has Spoken Again (God Het Weer Gepraat)

The One God (Die Een God)

The New Messenger (Die Nuwe Boodskapper)

The Greater Community (Die Groter Gemeenskap)

The Journey to a New Life (Die Reis na 'n Nuwe Lewe)

The Power of Knowledge (Die Mag van Kennis)

The New World (Die Nuwe Wêreld)

The Pure Religion (Die Suiwer Godsdiens)

Preparing for the Greater Community (Voorbereidend vir die Groter Gemeenskap)

The Worldwide Community of the New Message from God (Die Wêreldwye Gemeenskap van die Nuwe Boodskap van God)

Greater Community Spirituality (Groter Gemeenskap Geestelikheid)

Steps to Knowledge (Stappe na Kennis)

Relationships & Higher Purpose (Verhoudings en Hoër Bedoeling)

Living The Way of Knowledge (Lewend Die Weg van Kennis)

Life in the Universe (Lewe in die Heelal)

The Great Waves of Change (Die Groot Golwe van Verandering)

WISDOM FROM THE GREATER COMMUNITY I & II (WYSHEID VAN DIE GROTER GEMEENSKAP I EN II)

SECRETS OF HEAVEN (GEHEIME VAN DIE HEMEL)

THE ALLIES OF HUMANITY BOOKS ONE, TWO, THREE & FOUR (DIE BONDGENOTE VAN DIE MENSDOM BOEK EEN, TWEE, DRIE EN VIER)

www.ingramcontent.com/pod-product-compliance
Lightning Source LLC
Chambersburg PA
CBHW030714110426
42739CB00029B/217